全国少年儿童图书馆基本藏书目录
（2014）

国家图书馆少年儿童馆　编

國家圖書館出版社
National Library of China Publishing House

图书在版编目（CIP）数据

全国少年儿童图书馆基本藏书目录（2014）/国家图书馆
少年儿童馆编. --北京：国家图书馆出版社，2015.12
　　ISBN 978-7-5013-5703-1

　　Ⅰ.①全…　Ⅱ.①国…　Ⅲ.①儿童图书馆—图书馆目录—
中国—2014　Ⅳ.①Z822.8

中国版本图书馆CIP数据核字(2015)第245572号

书　　名　全国少年儿童图书馆基本藏书目录（2014）
著　　者　国家图书馆少年儿童馆　编
责任编辑　王　雷

出　　版　国家图书馆出版社（100034　北京市西城区文津街7号）
　　　　　（原书目文献出版社　北京图书馆出版社）
发　　行　010-66114536　66126153　66151313　66175620
　　　　　66121706（传真），66126156（门市部）
E-mail　　nlcpress@nlc.cn（邮购）
Website　　www.nlcpress.com 投稿中心
经　　销　新华书店
印　　装　北京信彩瑞禾印刷厂
版　　次　2015年12月第1版　2015年12月第1次印刷

开　　本　710毫米×1000毫米　1/16
印　　张　11.25
字　　数　161千字

书　　号　ISBN 978-7-5013-5703-1
定　　价　60.00元

编 委 会

◎ 2013 年《全国少年儿童图书馆基本藏书目录》专家终评会

◎ 2014 年《全国少年儿童图书馆基本藏书目录》专家终评会之一

◎ 2014 年《全国少年儿童图书馆基本藏书目录》专家终评会之二

◎ 2014 年《全国少年儿童图书馆基本藏书目录》专家终评会之三

前　言

近年来，我国未成年人的生存与发展愈来愈受到社会各界的广泛关注，未成年人的阅读问题更是受到各级政府的高度重视。《中国儿童发展纲要（2011—2020年）》指出，要"培养儿童阅读习惯，增加阅读时间和阅读量。90%以上的儿童每年至少阅读一本图书"。"为儿童阅读图书创造条件。推广面向儿童的图书分级制，为不同年龄儿童提供适合其年龄特点的图书，为儿童家长选择图书提供建议和指导。公共图书馆设儿童阅览室或图书角，有条件的县（市、区）建儿童图书馆。'农家书屋'配备一定数量的儿童图书。广泛开展图书阅读活动，鼓励和引导儿童主动读书"。

2010年是我国少儿图书馆事业发展历史上具有重要里程碑意义的一年，2010年的5月31日，国家图书馆少年儿童馆正式开馆；9月28日，全国少儿图书馆工作会议在天津召开；10月22日，全国图书馆少儿服务工作座谈会在北京召开；12月9日，文化部发布了《关于进一步加强少年儿童图书馆建设工作的意见》。这一系列活动表明我国的少儿图书馆建设事业迎来了一个大发展的春天。

文化部发布的《关于进一步加强少年儿童图书馆建设工作的意见》（以下简称《意见》）要求，少年儿童图书馆要丰富文献信息资源，逐步建立资源共建共享体系。《意见》还特别要求"国家图书馆应编制《少年儿童图书馆（室）基本藏书目录》，作为各级少年儿童图书馆文献入藏的参考"。按照《意见》要求，2011年4月，国家图书馆正式启动了《全国少年儿童图书馆基本藏书目录》的编纂项目。历时近一年半的时间，经过专家组预审、领域专家初审、图情专家初审和专家组终审等阶段，最终完成了《少年儿童图书馆（室）基本藏书目录》的研制任务。该目录共收录新中国成立后正式出版的少儿出版物4913种，15105册/件，包含图书、期刊、报纸、电子出版物、音像制品、网络数据库6种文献类型，涵盖了蒙、藏、维、哈、朝等十余种少数民族语言。从2013年起，国家图书馆少年儿童馆根据全国各地少年儿童图书馆、儿童阅读机构以及家长等的使用情况，对《全国少年儿童图书馆基本藏书目录（2012）》收录的儿童读物展开修订，增补2012年及2013年出版的儿童读物数据，编制完成《全国少年儿童图书馆基本藏书目录（2014）》。

为方便《全国少年儿童图书馆基本藏书目录》在各级各类图书馆的应用和推

广，我们在编制《全国少年儿童图书馆基本藏书目录》的基础上，编辑了本使用指南，即《全国少年儿童图书馆基本藏书目录（2014）》。该书的出版旨在向社会公布我们的研制成果的同时，提供相应的使用指南，并公开我们的工作思路和工作方法。全书由编制报告、使用说明、图书导赏和附录 4 个部分构成。其中"编制工作报告"主要是对我们整个研制工作的背景、团队、方案和过程的详细记录；"使用说明"则从载体形式、出版社、图书类别、出版年代、适读年龄、引进版图书 6 个方面对目录进行详细的分析说明，并给出不同的使用建议；"图书导赏"是针对按学科和适读年龄挑选出来的 100 种优秀图书所撰写的书评和导赏；"附录"包括入选出版社名录、全国少年儿童图书馆名录、国内外儿童图书推荐评选活动介绍 3 个部分，供目录使用者查找资料和开展更加深入的研究。书后所附光盘实为《少年儿童图书馆（室）基本藏书目录》的书目数据和检索系统，便于使用者浏览目录内容，查找相关书目信息。

本项目在立项及实施过程中得到了社会各界的广泛支持和配合。来自教育部、文化部、中国作家协会和新闻出版总署的各级领导为项目执行指明了正确的方向和路径；学术界的相关专家学者为项目执行提供了科学的思路和方法。特别需要指出的是，文化部原副部长、国家图书馆名誉馆长周和平，国家图书馆馆长、党委书记韩永进，副馆长陈力，馆长助理汪东波在本项目的策划、立项及执行的各个阶段都给予了具体推动和指导，并批准了专门研制经费；文化部公共文化司刘小琴巡视员对项目的研制政策提出了具体指导意见，并就研制成果的应用推广提出了建议。国家图书馆业务管理处、中文采编部、数字资源部、信息网络部等部处在工作过程中给予了技术指导和数据整合建议，在此编委会谨代表国家图书馆对各位领导、专家、学者及社会各界在目录研制及本书编纂过程中给予的关心、支持与指导表示诚挚的谢意。

国家图书馆将一如既往地与图书馆界、文化界、教育界、出版界加强合作与共享，共同为营造我国少年儿童书香社会做出不懈努力与贡献。最后，恳请各位专家学者对本书及目录中存在的纰漏和不足进行批评指正。

编委会

2014 年 12 月 15 日

目　录

编 制 工 作 报 告

为贯彻落实文化部于 2010 年 12 月 14 日出台的《关于进一步加强少年儿童图书馆建设工作的意见》，国家图书馆根据本馆的职责范围及工作特点，自 2011 年起全面启动《全国少年儿童图书馆基本藏书目录》编纂项目。2012 年 9 月 2 日，国家图书馆面向社会公开发布《全国少年儿童图书馆基本藏书目录（2012）》（以下简称《基本藏书目录（2012）》），在业界和社会上引起广泛关注。目录编制工作也得到了文化部、公共图书馆、出版社、作家、阅读推广人及家长的充分肯定，多家媒体对目录进行了详尽的报道并给予高度评价。目前，目录已经成为我国公共图书馆开展未成年人公共图书馆服务和馆藏建设的基础书目与指导书目，并作为参考指标被纳入《公共图书馆评估标准》（2013 版）。

2013 年起，国家图书馆少年儿童馆在搜集整理我国 2012 年、2013 年出版的优秀儿童读物的基础上，根据全国各地少年儿童图书馆、儿童阅读机构以及家长等的使用情况，对《基本藏书目录（2012）》收录的儿童读物展开修订，并以"《全国少年儿童图书馆基本藏书目录》编制工作办法"和"《全国少年儿童图书馆基本藏书目录》编制工作细则"为指导，增补 2012 年及 2013 年出版的儿童读物数据，编制完成《全国少年儿童图书馆基本藏书目录（2014）》（以下简称《基本藏书目录（2014）》）。

一、项目背景

文化部在《关于进一步加强少年儿童图书馆建设工作的意见》中指出，要丰富文献信息资源，逐步建立资源共建共享体系。该意见还特别要求"国家图书馆应编制《全国少年儿童图书馆基本藏书目录》，作为各级少年儿童图书馆文献入藏的参考"。

2012 年 5 月，国家图书馆根据文化部要求编制完成《基本藏书目录（2012）》，并于 9 月召开新闻发布会向社会发布。目录收录新中国成立后正式出版的少儿文献 4913 种、15 105 册／件，包含图书、期刊、报纸、电子出版物、音像制品、网络数据库 6 种文献类型，涵盖蒙古族、藏族、维吾尔族、哈萨克族、朝鲜族等 10 余种少数民族语言。

《基本藏书目录（2012）》是我国首个适用于少年儿童图书馆的权威性指导目录，也是全国少年儿童图书馆馆藏资源建设的参考依据，该项目也成为国家图书馆少年儿童馆引领、发挥行业示范和龙头作用的支撑项目。为进一步加强对图书馆事业的管理，推动图书馆事业的发展，文化部公共文化司已将《基本藏书目录（2012）》纳入《公共图书馆评估——少年儿童图书馆评估指标》指标评价体系，进一步推进了《基本藏书目录（2012）》在我国各级各类图书馆的应用，保证了目录的权威性，使得目录在全国图书馆的支持下更好地发挥作用。

此外，为做好《基本藏书目录（2012）》的应用推广工作，工作组通过采用目录入选文献专架展览、100 本图书导赏成书配光盘出版、面向全国省市级图书馆界寄送等形式扩大目录的公众认知和社会影响，增加了目录的实用性和权威性，促进了图书馆业界合作与跨界交流。

二、工作方案

为确保目录的延续性和时效性，《基本藏书目录（2014）》编制工作在坚持该项目指导思想的基础上，将继续沿用 2012 年工作组制定的"《全国少年儿童图书馆基本藏书目录》编制工作办法"和"《全国少年儿童图书馆基本藏书目录》编制工作细则"。《基本藏书目录（2014）》将作为《基本藏书目录（2012）》的更新版本，在原目录基础上完成增补、删减工作，完善目录内容。同时，考虑到我国盲文、民语文献等特殊儿童读物的实际出版情况以及我国少年儿童阅读的实际需求，工作组主要对目录收录的儿童图书进行更新，并对目录编制工作做出如下要求：

（一）增补要求

1. 文献类型要求

《基本藏书目录（2014）》收录国家出版行政管理部门批准成立的出版机构在我国国内正式出版、公开发行的汉文版的优秀图书（其他文献类型暂不更新）。

适当将《基本藏书目录（2012）》中部分图书替换为最新版本，并将《基本藏书目录（2012）》中未收录完整的套书增补完整。

2. 受众要求

入选图书应主要以 0 至 18 岁未成年人为阅读或使用对象。坚持贴近未成年人的原则，坚持少年儿童图书馆的适用性原则。教参教辅、课外作业、学习辅导和教师用书不列入入选范围。

3. 时间要求

《基本藏书目录（2014）》入选图书的出版时间范围是 1949 年 10 月 1 日至 2013 年 12 月 31 日（以版本记录为准），其中着重增补 2012 年 1 月 1 日至 2013 年 12 月 31 日（以版本记录为准）出版的图书。

（二）删减要求

删减部分不适宜儿童阅读的图书。

三、前期调研

为了解《基本藏书目录（2012）》在少年儿童图书馆（少儿部）的使用情况，2012 年年初，工作组在目录编制完成后，邀请天津市少年儿童图书馆、大连市少年儿童图书馆、湖南省少年儿童图书馆、深圳市少年儿童图书馆、重庆市少年儿童图书馆、兰州市少年儿童图书馆、上海市少年儿童图书馆等 7 家省市级独立建制少年儿童图书馆，以及首都图书馆、内蒙古图书馆和吉林省图书馆等 3 家省市级公共图书馆对目录进行试用调研，各图书馆对《基本藏书目录（2012）》试用反馈良好。

通过调研发现，各图书馆对《基本藏书目录（2012）》收录图书的全面性给予充分肯定，认为该目录为图书馆优化馆藏结构、文献信息资源共建共享、开展阅读指导提供了有力支持。各图书馆从自身建制规模出发，选择适合的文献类型及数量进行馆藏资源建设，从调研结果来看，各图书馆将参考目录定向增补的文献类型依次是图书、网络数据库、期刊、报纸、音像电子出版物，并从参考目录的年龄划分、丛书分类方法等方面梳理馆藏。

在出版方面，根据我国国家新闻出版广电总局的年度全国图书选题分析报告数据显示，2012 年我国少儿图书的品种数量达到 4 万种，2013 年增长至近 5 万种，2013 年全国有 515 家出版社报送 47258 种少儿图书选题，其中 31 家专业少儿出版社报送达 9000 余种，少儿图书出版业呈快速发展趋势。

四、项目实施

基础数据收集阶段：工作组正式启动《基本藏书目录（2014）》编纂工作，在全面梳理国家图书馆少年儿童馆的馆藏数据的基础上，邀请 40 余家专业少儿出版社及综合出版社、10 余家少儿图书馆及公共图书馆、220 个读者及家庭推荐优秀少儿读物；着手收集整理全国各级各类获奖图书目录、图书推荐目录及图书排行榜目录。此外，工作组在国家图书馆网站、全国少年儿童图书馆阅读推广平台上刊登征集通知，邀请全国各相关出版单位、作家、评论家、图书馆员、媒体记者、教育工作者、少年儿童和家长参与《基本藏书目录（2014）》的推荐和遴选工作，扩大目录遴选工作的公开透明度及公众参与度，并最终整理完成《全国少年儿童图书总目》，为目录的编制提供数据支持。

数据核查及筛选阶段：工作组通过调取国家图书馆馆藏图书，集中组织人员对目录收录图书进行仔细翻阅和筛选，确保目录收录的每一册图书都经过人工筛查，完成去重去芜工作。

数据标准化规范阶段：在全面核查图书的基础上，工作组成员就入选书目数据进行规范化处理，统一规格、体例，完成数据信息的标准化处理。

书目数据初审阶段：国家图书馆少年儿童馆邀请部分中国图书馆学会未成年人图书馆服务专业委员会委员和儿童图书馆馆长对增补的书目进行评审，保证目录切实符合我国少年儿童图书馆馆藏建设的实际需求。

书目意见征集阶段：《基本藏书目录（2014）》增补的 2013 年出版的图书数据初稿编制完成。为提高目录的准确性及实用性，国家图书馆少年儿童馆面向首都图书馆、湖南省少年儿童图书馆等全国 36 家省级以上的公共图书馆及省级以上独立建制的少年儿童馆公开征集修改意见和建议，并针对各馆所提出的反馈信息，对目录内容做了进一步增补及修订。

书目数据终审阶段：国家图书馆少年儿童馆邀请教育界、图书馆界及出版界的专家对《基本藏书目录（2014）》进行最终审评。专家组审核了项目流程、项目开展方式、项目结果及项目推广应用思路，一致认为《基本藏书目录（2014）》结构合理、重点突出、特色鲜明，并对目录的出版及推广提出了建议与期望。

五、项目推广

《全国少年儿童图书馆基本藏书目录（2014）》将于 2015 年面向社会公开出版发行。届时，目录将继续作为我国公共图书馆开展未成年人公共图书馆服务和馆藏建设的基础书目与指导书目，在全国各级各类少年儿童图书馆全面使用，并将采取网络、阵地、校园宣传等多种方式和途径进行推广和应用，对进一步加强优秀少儿读物的推荐和宣传，开展少年儿童的阅读指导起到先锋带头作用。

使 用 说 明

一、项目成果

2011 年，国家图书馆少年儿童图书馆根据文化部要求，编制《全国少年儿童图书馆基本藏书目录》（以下简称《基本藏书目录》），并于 2012 年 9 月正式面向社会发布。该书目共计收录 1949 年—2011 年我国正式出版的少儿文献 4913 种，15105 册 / 件，包含图书、期刊、报纸、电子出版物、音像制品、网络数据库 6 种载体形式，涵盖了蒙、藏、维、哈、朝等 10 余种少数民族语言，凭借其编制的系统性、全面性和权威性，获得了业界的广泛关注与好评。该书目于 2013 年正式被认定为各地少儿馆馆藏评选标准之一。

2014 年，国家图书馆少年儿童馆针对该目录内容进行了相应的增补，并推出《全国少年儿童图书馆基本藏书目录（2014）》（以下简称《基本藏书目录（2014）》）。本书目共计增补 2006—2013 年出版的图书 6295 册，其中套书（丛书）828 种 5530 册，替换旧版图书 72 册。

（一）载体形式

《基本藏书目录（2014）》入选文献载体形式包括图书、期刊、报纸、音像电子出版物和网络数据库，其中收录中文图书 5404 种，20 092 册，占总数的 93.98%；其他载体形式及特殊出版物合计约 1100 种，1287 册，占总数的 6.02%（见表 1）。

表 1　《基本藏书目录（2014）》收录文献载体形式及数量比重

载体形式	册 / 件	种数	占总目录比例
图书	20 092	5404	93.98%
期刊	185	185	0.87%
报纸	50	50	0.23%
音像电子	545	545	2.55%
网络数据库	30	30	0.14%
民语文献	317	153	1.48%
盲文文献	160	137	0.75%

（二）出版社情况

《基本藏书目录（2014）》收录的中文图书选自我国 423 家出版社出版的少年儿童读物，其中专业少儿出版社 31 家，占出版社总数的 7.3%。图书收录册数排名前 20 位的出版社中有 16 家专业少儿出版社（表 2）。

表 2　中文图书入选数量出版社排名（前 20 位）

出版社	入选册数
中国少年儿童出版社	1294
二十一世纪出版社	872
接力出版社	839
湖南少年儿童出版社	817
明天出版社	658
湖北少年儿童出版社	621
少年儿童出版社	589
浙江少年儿童出版社	528
新蕾出版社	478
电子工业出版社	447
江苏少年儿童出版社	434
安徽少年儿童出版社	403
北京科学技术出版社	401
新疆青少年出版社	371
北京少年儿童出版社	326
晨光出版社	301
科学普及出版社	298
贵州人民出版社	292
海豚出版社	288
四川少年儿童出版社	286

（三）图书类别情况

《基本藏书目录（2014）》按照《中国图书馆图书分类法》编制，覆盖 A-Z 的 22 大门类。其中收录 I 类（文学类）图书 11 277 册，占书目总量的 56.13%；N 类（自然科学类）图书 1585 册，约占总量的 7.89%；G 类（文化、教育、体育、科学类）图书 1499 册，占总量的 7.46%；J 类（艺术设计类）图书 1438 册，占总量的 7.16%；百科、辞典等综合类图书 1155 册，约占总量的 5.75%；K 类（历史、地理类）图书 990 册，占总量的 4.93%；其他分类图书共计 2148 册，约占总量的 10.69%。（图 1）各类别所占比例与我国儿童图书出版情况基本一致。

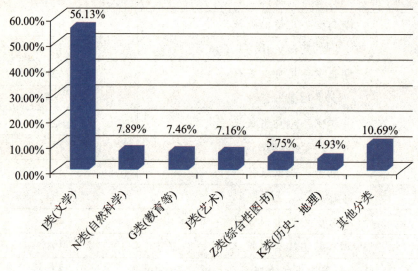

图 1　收录图书分类比重

（四）图书出版年代情况

《基本藏书目录（2014）》收录 1949 年 10 月 1 日以来至 2013 年 12 月 31 日（以版本记录为准）国内正式出版的图书。图书收录数量基本呈逐年增加的趋势，其中 2009 至 2013 年入选图书共计 13 374 册 / 件，占收录图书总量的 66.56%（图 2、图 3）。

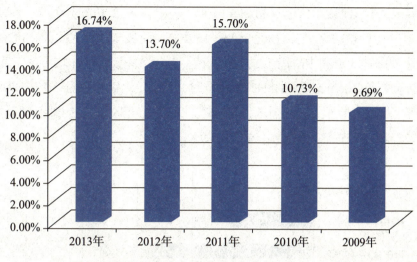

图 2 收录图书出版年代比重（2009—2013 年）

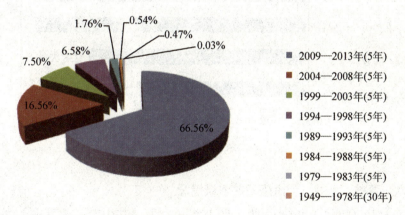

- 2009—2013年(5年)
- 2004—2008年(5年)
- 1999—2003年(5年)
- 1994—1998年(5年)
- 1989—1993年(5年)
- 1984—1988年(5年)
- 1979—1983年(5年)
- 1949—1978年(30年)

图 3 收录图书出版年代比重（1949—2013 年）

（五）适读年龄情况

《基本藏书目录（2014））》以 0 至 18 岁未成年人及其家长为主要阅读和使用对象，充分考虑不同年龄段少年儿童的阅读能力和阅读倾向，兼顾各年龄段少年儿童阅读需求，其中 29.93% 的读物适于 0—6 岁婴幼儿阅读，38.52% 的读物适于 7—8 岁未成年人（小学低年级阶段）阅读，48.09% 的读物适于 9—10 岁未成年人（小学中年级阶段）阅读，48.11% 的读物适于 11—12 岁未成年人（小学高年级阶段）阅读，31.54% 的读物适于 13—15 岁初中阶段未成年人阅读，14.34% 的读物适于 16—18 岁高中阶段未成年人阅读，各年龄段读者群体均可从《基本藏书目录》中获取相当比重的图书阅读。同时，为满足少年儿童图书馆未成年人家长在育儿及阅读指导方面的需求，《基本藏书目录》还收录育儿和阅读指导方面读物 222 册，占书目总量的 1.10%（图 4）。

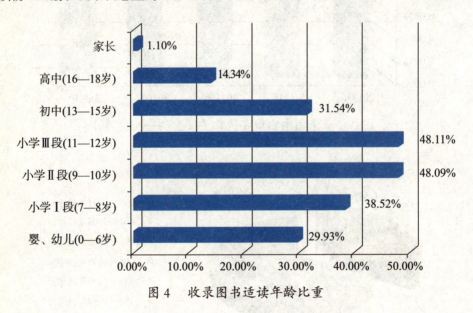

图 4　收录图书适读年龄比重

（六）套书、丛书、引进版图书收录情况

《基本藏书目录（2014）》收录图书 20 092 册，其中套书（丛书）2291 种，16 466 册，占收录图书总量的 81.95%。目录编制坚持藏用并重原则，不同类型规模的少儿图书馆可根据馆藏特点和目标，参考使用本《基本藏书目录（2014）》。目录按套书（丛书）统一分配分类号，便于各少年儿童图书馆系统完整地甄选和采购图书，以优化馆藏结构，提高藏书质量。

2005 年以来，国内出版界加强了对国外儿童读物的引进和出版，不同门类、语言、形式的国外儿童读物得到翻译和引介，《基本藏书目录（2014）》对这一出版现象及其出版成果给予关注，在仔细甄选的基础上对部分优秀引进版儿童读物加以收录，引进版儿童读物约占收录图书总量的 37.33%。

二、目录特点

（一）权威性

《基本藏书目录（2014）》入选文献的信息数据经过教育部、新闻出版总署、中国作家协会等相关权威部门的认定或者推荐；并通过来自图书馆界、文学界、学术界、新闻出版界和教育界的专家、学者组成专业一流的专家委员会的审定。

（二）全面性

《基本藏书目录（2014）》采取分级、分类的编制方法，入选出版物在学科、年代、语言、类型等方面统筹兼顾，除了收录普通中文图书外，还收录了蒙古族、藏族、维吾尔族、哈萨克族、朝鲜族等少数民族语言文献和盲文文献，同时包括期刊、报纸、音像制品、电子出版物、网络数据库等多种出版形式，囊括了新中国少年儿童出版事业的主要优秀出版成果，是对我国优秀少儿出版物的一次集中推荐和推广。

（三）实用性

《基本藏书目录（2014）》在编制过程中充分考虑新时期我国少年儿童图书馆事业发展的需要，坚持藏用并重的原则，可供性强。目录内容翔实全面，有利于少年儿童图书馆优化馆藏结构，提高藏书质量；同时，目录的编制工作充分考虑了少年儿童阅读的广泛性和差异性，有利于组织和开展少年儿童阅读活动，具有较强的普及性和推广意义。

（四）持续性

结合出版情况和目录使用的反馈情况，《全国少年儿童图书馆基本藏书目录》将持续进行定期研究和修订，以保证目录更新和维护的时效性。

三、使用建议

（一）使用对象建议

《全国少年儿童图书馆基本藏书目录》是国家图书馆少年儿童馆发挥行业示

范和引领作用，促进全国少年儿童图书馆文献信息资源建设的基础性项目。以全国各级各类少年儿童图书馆为主要使用对象，为全国少年儿童图书馆的馆藏建设提供依据，为各少儿馆开展形式多样的儿童阅读推广活动提供丰富的文献资源基础。在此目录的基础上，各县、市、地方级图书馆可根据各馆实际情况及地方特色，开展有地方文化特色的文献资源建设。

本目录也同样适用于学校、课外教育机构、阅读推广机构及家庭，为教育工作者及家长提供可选书目，实现资源共享，为未成年人健康成长提供一份集实用性、多样性、指导性为一体的阅读参考目录。

（二）使用方法建议

《全国少年儿童图书馆基本藏书目录》坚持藏用并重的原则并充分考虑到少年儿童阅读的广泛性和差异性，建议使用机构和个人可根据实际需求，完全或部分参考本目录信息和数据，多角度切入，组织和开展主题多样、形式丰富的少年儿童阅读活动。

1. 定向补充馆藏

建议计划建设少儿馆的组织机构，可参考本目录配备基础馆藏，推荐收录近5年出版的图书及其他文献，年代较早的文献可有选择性地收藏；建议已建成的少儿馆，可根据本目录定向补充馆藏，从完善图书类型、出版社类型、出版年代等维度有针对性地对本馆资源加以扩充，完善馆藏建设。各少年儿童馆可通过中图分类法22大学科分类调整馆藏资源建设，确保各学科少儿读物的收藏，扩大广大未成年人的阅读面，保证知识图书的更新。此外，少年儿童馆还可通过本目录初步了解各专业少儿出版社的特点及出版现状，参考本目录定向补充各出版社的优秀少儿读物，还可参考本目录梳理馆藏，补全套书（丛书），优化馆藏结构，便于开展更高层次的读者服务工作。

2. 专题阅读推广

各少年儿童馆、学校或阅读推广机构可基于本目录组织开展形式多样的专题阅读推广活动，从学科分类、作者、出版社、版本、年龄段等多角度选择主题，开展专架展示、阅读讲座、故事会、演讲比赛、手工绘画等不同形式的少年儿童图书馆阅读活动。通过实际活动的开展，使目录的功能特点得以体现，通过更为活泼的阅读方式、更为个性化的阅读体验引导少年儿童热爱阅读，培养少年儿童阅读习惯，为少年儿童思想道德的建设奠定基础。

3. 读物分龄推荐

儿童的阅读能力是逐步发展的过程，本目录根据不同年龄段少年儿童的阅读能力和阅读倾向，针对每册入选图书及其他出版物提供建议阅读年龄，为全国少年儿童图书馆界开展更为科学、规范的读物分龄阅读服务提供参考，同时也为不同年龄段儿童的家长选择图书提供建议和指导。读物分龄推荐阅读作为少年儿童的阅读模式，针对不同年龄的儿童提出不同阅读发展的要求，以此培养孩子自主阅读行为，掌握自主阅读的基本技能。图书馆作为提供阅读资源和场所的公益性机构，更应凭借自身优势，充分发挥教育职能，探索更适合我国儿童阅读的读物分龄方法。本目录也将作为图书馆界开展读物分龄阅读研究领域的一次尝试和探索，为推动儿童读物分龄阅读提供思路，也为本目录的实际应用提供更有针对性的支持。

四、结语

《全国少年儿童图书馆基本藏书目录》编纂项目是国家图书馆少年儿童馆发挥行业示范和龙头作用，促进全国少年儿童图书馆文献信息资源共建共享体系建设的基础性项目，也是搭建"全国少儿阅读推广服务平台"的支撑项目。项目成果将为全国少年儿童图书馆的馆藏建设提供依据，为学校开展儿童阅读教育提供可选书目，为家庭开展儿童阅读辅导推荐好书，为儿童读物出版和馆配书商提供参考指引，为营造少儿书香社会提供基础书目。在《全国少年儿童图书馆基本藏书目录》的指导和协助下，我国各级各类少年儿童图书馆（室）将以馆藏建设为基础，联合出版界、教育界、阅读推广界等社会多方力量，面向少年儿童积极开展阅读指导，加强阅读推广，为进一步建立健全我国未成年人公共文化服务体系、丰富未成年人精神文化生活、促进未成年人健康成长贡献力量。

图 书 导 赏

造梦的雨果

作　　者：（美）布莱恩·塞兹尼克　著；黄觉　译
出 版 社：接力出版社
出版时间：2012 年 3 月
ISBN：978-7-5448-0279-6

图书导赏：

　　故事发生在 1931 年，一个名叫雨果的男孩与身为钟表匠的父亲相依为命，然而父亲在一场神秘的大火中丧生，留给他的只有一个损坏了的机器人，当他坚信这个机器人能够挽救自己的生活时，一幅图画又让雨果的命运发生了翻天覆地的变化……

　　这是一部电影与图画书相逢的奇妙作品。作者布莱恩·塞兹尼克是美国著名儿童图画书作家，他将表现主义电影先驱乔治·梅里爱耐人寻味的真实故事和电影剧照穿插于书中。全书的呈现方式结合了图画书和小说的双重特性，300 页作品以连续多幅无字跨页与纯粹单页文字交替构成，多个跨页以分镜头的方式聚焦某一个场景或人物。作品中的插图是布莱恩本人用铅笔画在水彩画纸上的，剧照也是从乔治·梅里爱私人收藏中选取，这让画面和故事看起来真实而自然。

　　电影技法在这部讲述电影人的作品中得到充分体现。作者刻意在故事开端就把读者带进电影院，让读者看到银幕上的影像由远至近、由小变大，然后聚焦在主角雨果身上。

　　本书荣获了 2007 年美国最佳图书奖、2007 年美国鹅毛笔奖及 2008 年凯迪克金奖等奖项，还被著名导演马丁·西科塞斯选中搬上银幕。

阅读推广建议：

　　本书适宜图书馆用作儿童电影展播配套素材，电影版图画与故事的相互配合可作为特殊小说题材鉴赏，亦可作为图书专架（励志篇）或引进版图书专架使用。

阅读年龄： 9—15 岁

世界是如何运转的

作　　者：（英）克里斯蒂安娜·多里翁　著；
　　　　　（英）贝弗利·杨　图；（英）安迪·曼
　　　　　斯菲尔德　纸艺设计；荣信文化　编译
出 版 社：未来出版社
出版时间：2010 年 5 月
　ISBN：978-7-5417-4005-3

图书导赏：

这是一本形式活泼、内容生动的立体科普书，荣获 2011 年英国"皇家协会青年图书奖"。本书一共讨论了 10 个主题：宇宙起源、生命起源、地壳移动、水循环、天气变化、海水运动、碳的排放等。

在每一个主题的讨论过程中，作者别出心裁地加入了触摸、抽拉、旋转、折叠以及立体展开的设计，以立体和互动的形式呈现相关知识信息。探讨宇宙起源的议题时，作者介绍了宇宙起源、太阳系结构、地球季节形成原因、白天黑夜形成原因、万有引力等相关知识，并以洞洞书和旋转活页的方式呈现围绕地球运转的太空物质。介绍地壳移动的相关知识时，作者通过拉拉书的形式让孩子亲身感受板块碰撞、滑动、分离时产生的效果。讨论生命起源时，作者巧妙地将地球的历史浓缩在一天的时间里，用 24 小时的时间表盘呈现地球在不同时间点发生的变化。此外，本书还以壮观的立体形式为孩子展示了水循环的过程、植物生长的过程和食物链中的能量金字塔。

本书将内容和形式巧妙结合，吸引小读者进入自然、天文和地理的科学世界，把科普阅读转化为生动有趣的科学探索过程。

阅读推广建议：

本书作为优秀的科普读本，可与同类型的立体科普读本一起开设异形书专架展示。图书馆也可组织读书会或科普知识问答等活动。

阅读年龄：4—6 岁亲子共读，7—10 岁独立阅读

了不起男孩应该知道的 100 件事（漫画版）

作　　者：（美）比尔·齐伯曼　著；梁田　译
出 版 社：中国人口出版社
出版时间：2009 年 10 月
ISBN：978-7-5101-0264-6

图书导赏：

　　家长如何与处于青春期的男孩沟通？这个阶段的男孩在身体和心理上会有怎样的变化？他们该如何认识自己的变化？如何与家人和朋友更好地相处？并在这个过程中获得自信和成长？本书对上述问题均做了回答。

　　全书分为 6 大部分，讨论"关于你自己""关于身体和心理""关于家庭""关于学校""关于人际关系""关于未来" 6 个主要议题，每一个议题又分化为多个小问题，幽默风趣的漫画配以轻松愉悦的文字，告诉青春期的男孩子如何更好地认识自己，如何保持身心健康，如何改进与家长相处的方式，让这个时期的男孩子更好地理解学校生活，更好地与同学相处，同时为男孩子规划自己的未来提供切实可行的建议。

　　作者比尔·齐伯曼是普利策奖的获得者，也是青少年问题研究专家。他通过考察 500 名男孩在青春期的成长体验，敏锐而富有智慧地捕捉到这一时期男孩的感受及困惑，以朋友的口吻和男孩子愿意接受的方式，轻松自然地为男孩子们提供有效的建议。本书同样可以让孩子的家长更好地理解孩子在青春期的变化，理解他们的思想与行为，更好地引导、帮助他们成为拥有健康人格的了不起男孩。

阅读推广建议：

　　本书可作为小学高年级及初中男生成长心理辅导图书，也可供家长阅读，作为了解青春期男生心理的辅导图书，可以专架展示推荐。

阅读年龄：9—12 岁

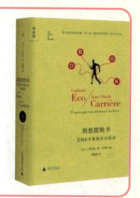

别想摆脱书：艾柯＆卡里埃尔对话录

作　　者：（法）让－菲利浦·德·托纳克 编；
　　　　　吴雅凌 译

出 版 社：广西师范大学出版社

出版时间：2013 年 11 月

　ISBN：978-7-5495-4044-0

图书导赏：

　　随着科技的飞速发展和人们生活方式的改变，阅读的形态和方式也在发生变化。纸质书的阅读量急剧削减，年轻人对阅读的关注也在减少。有学者忧心忡忡地指出"阅读危机"将导致文化的衰落。意大利著名学者贝托·艾柯也曾在名作《玫瑰之名》中叙述了一个图书馆神迹般繁荣和最终焚毁的过程。电子书的出现到底会带来传统书籍的终结还是使之延续？书的意义和知识的真相何在？书的未来将走向何方？这些问题激发贝托·艾柯在 2008 年与自己的好友——法国电影界泰斗卡里埃尔展开对话，深入探讨了"书的未来"。这场对话由法国记者让－菲利浦·德·托纳克担任引言人。该书的法文版于 2009 年 11 月出版。

　　两位对话者同是古书珍本的爱好者，嗜书如命，对于书籍在当下的变局和处境均有着洞烛幽微的观察。他们谈古溯今、纵横捭阖地就纸本书的兴废展开讨论。或许没有人能真正预言"书的未来"，但他们的对谈却可以引发读者更多的思考、质疑与自省。正处于世界观形成期的青少年，通过聆听大师深刻的讨论和对话，通过对图书存在的意义、科技与传统的碰撞等现实问题展开思考，有助于提升其独立思考能力，拓宽其观察世界的视角，确立正确的阅读观和人生观。

阅读推广建议：

　　本书可以组织专题展览或专架展示推荐，适合中学高年级学生课外阅读。可作为学生开展辩论活动的参考书籍，可用于组织读书沙龙活动。

　　阅读年龄：16—18 岁

蓝鲸的眼睛

作　　者：冰波　著

出 版 社：新蕾出版社

出版时间：2012 年 1 月

ISBN：978-7-5307-5224-1

图书导赏：

本书是著名儿童作家冰波的代表作品之一，作家用优美的语言与细腻的笔触讲述了一个关于爱与宽容的故事。

蓝鲸是大海中如同神灵一般的动物，它热爱自己的眼睛，眼睛永远展现纯净的蓝色，神秘、悠远而灵异。一个勇敢却冒失的少年为了得到蓝鲸的眼睛，在黑夜里擅闯蓝鲸的领地，用勾矛刺瞎了蓝鲸的一只眼睛。在大海的岸边，几乎全盲的小女孩得到了蓝鲸掉落的这只眼睛，重新获得光明。失去一只眼睛的蓝鲸陷入惊愕、痛苦和愤怒，整个大海也在愤怒地翻滚，让出海的渔民们受到报复。不敢出海的渔民断了养家糊口的生计，这让少年认识到了自己犯下的错误。少年只身出海，用生命向蓝鲸谢罪，换回了大海的安宁。

这个故事值得读者反复品味，蓝鲸、少年、小女孩三个主要角色在作家笔下展现了鲜明的个性，情节的发展推动着他们内心的变化，也将他们的纯真、善良和爱心表达出来。封底的推荐语传递了作者对人性的理解和期盼："只有爱，才能消弭怨恨；只有爱，才能宽恕过错与冒失；只有爱，才能清洗污浊；只有爱，才能让世间重归美好。"

阅读推广建议：

作为桥梁书，本书适宜 3—6 岁儿童开展亲子阅读，7—8 岁学龄儿童课外阅读，可用于故事会、讨论会，可改编成情景剧。

阅读年龄：4—8 岁

爱之路：散文诗集

作　　者：（俄罗斯）屠格涅夫　著；黄伟经　译
出 版 社：商务印书馆
出版时间：2012 年 4 月
　ISBN：978-7-1000-8839-8

图书导赏：

　　散文集《爱之路》收录了俄国著名作家屠格涅夫晚年旅居欧洲时完成的 82 篇散文诗。作品语言精炼优美，描写了俄罗斯优美的自然风光，回忆了年轻时的经历和所思所感，寄托了晚年游子对故乡的思念，表达了作者对权贵的蔑视以及对劳苦大众的同情。

　　在《村》一文中，作者描写了 19 世纪中叶俄罗斯农村和平、宁静、美丽的景色，笔触细腻、真实而质朴。在《爱情》《蔷薇》等文中，作者赞美了纯洁、真挚而高尚的爱情，认为爱情的火焰至死不渝。《门槛》刻画了一个甘愿承受一切苦难的俄罗斯姑娘，从侧面反映了 19 世纪俄罗斯妇女投身于革命运动的献身精神。《麻雀》描绘老麻雀用自己的生命在作家的猎狗鼻下救出自己孩子的故事，赞扬了母性的伟大。《爬虫》《小丑》等文通过比喻与影射的手法，揭露与抨击了各种丑恶的社会现象。《菜汤》《玛莎》等文描绘俄罗斯穷苦人们的生活片段，短小精炼，如同微型小说一样让人深思和回味。

阅读推广建议：

　　适合作为初、高中课外读物推荐，可设立俄罗斯名作家专架或者散文诗专架。

　　阅读年龄： 13—18 岁

五毛钱的愿望

作　　者：（美）比尔·布里坦　著；（美）安德鲁·格拉斯　绘；隋荣谊　译

出　版　社：新蕾出版社

出版时间：2011 年 4 月

ISBN：978-7-5307-5058-2

图书导赏：

　　这是一个关于愿望的故事。三个孩子从外乡人手上买到可以实现愿望的卡片。说话口无遮拦的波莉希望别人都喜欢他，女孩儿罗威娜希望她所爱的亨利能在村里扎根而不是每两年才来一次，男孩儿亚当希望爸爸的旱农场到处都是水，以免他去河边辛苦运水。卡片的魔力帮助他们愿望成真，也带来了出乎意料的后果。后悔不已的三人找到米特帮忙，解除了三个愿望，让生活恢复如初。这个故事简单却又意味深长，它让孩子们明白愿望的实现没有捷径，行动和努力才是实现愿望的真正途径。

　　作品通过外貌、语言、心理、行动方面的细节描写塑造了个性鲜明的人物形象。同时，作者通过卖卡、买卡、许愿、愿望出错、消除愿望、回归现实等情节铺排，将情节发展设计得环环相扣、跌宕起伏。语言表达方面，口语化的语言让本书通俗易懂，读来琅琅上口。

　　这部小说发表于 1983 年，荣获 1984 年"纽伯瑞儿童文学奖"银奖，被美国《出版人周刊》评为"一本独具特色的魔法故事书，精彩绝伦地阐述了愿望与现实的关系"。

阅读推广建议：

　　这是一本蕴含深刻人生哲理的经典作品，可纳入人生哲思主题专架推荐，也可举办小型阅读讨论会，组织孩子们交流阅读感想。

阅读年龄：7—12 岁

小毛驴之歌

作 者: (西班牙)胡安·拉蒙·希梅内斯 著;
孟宪臣 译
出 版 社: 北京十月文艺出版社
出版时间: 2010 年 7 月
ISBN: 978-7-5302-1040-6

图书导赏:

散文诗是"兼有诗与散文特点的一种现代抒情文学体裁,它是用散文形式写成的诗篇,即'散文其形,诗意其质',是诗歌与散文的完美融合"。《小毛驴之歌》就是一部在西班牙妇孺皆知的散文诗集。

这部散文诗集娓娓描述了 20 世纪西班牙著名诗人希梅内斯和一只名叫"普拉特罗"的小毛驴之间的深挚感情。诗人因为失去至亲过度忧伤,加之饱受思乡的愁苦,遂决定重返故乡莫盖尔。在这片令他魂牵梦萦的土地上,清幽的环境、恬淡的景色、古朴的民风逐渐治愈了他的心灵创伤,与此同时,他邂逅了那头孩提时陪他一起玩耍的银灰色小毛驴。这之后的日子里,他每天都与这位亲密的朋友结伴畅游家乡,互诉衷肠,一起感受山水田园的诗意,一起领略风土民情的淳朴,由此写出了这部动人的传世之作。

这部作品既是一幅展示家乡莫盖尔的风情画卷,更是献给普拉特罗的一首长长的抒情诗。作者感情细腻真挚,其文字柔软细腻却又质朴动人,行文中传递出对生命的挚爱和悲悯之心。孟宪臣先生的译文极好地传递了希梅内斯文字的灵动之处和真挚情感。

阅读推广建议:

作为一部享誉国际的优秀散文诗集,本书适合组织散文诗朗诵活动,也可用于散文诗专架展示或专题推荐。

阅读年龄: 13—18 岁

这是我的身体

作　　者：（新）吉尔·比特　著；（新）克雷斯·
　　　　　莫雷尔　绘；谷力　译
出　版　社：中国少年儿童出版社
出版时间：2011 年 1 月
ISBN：978-7-5007-9998-6

图书导赏：

　　本书是新加坡著名儿童教育专家吉尔·比特创作的"开心的米莉茉莉"丛书中的一册。米莉和茉莉是两个肤色不同的小女孩，她们与家人、同学和朋友们发生的故事，为 4—8 岁孩童成长"提供了所需的生活技能"。

　　本书的场景发生在她们课间休息的自由活动时间。米莉、茉莉和小伙伴们在排队爬绳子，一个叫梅根的小女孩在努力克服了自己的恐惧心理后，勇敢地攀上绳子，却不小心摔了下来。在医生对她进行检查的过程中，梅根产生了本能的抵触心理，而在老师的引导与帮助下，她克服了自身的恐惧，完成了身体检查。米莉的老师通过这个身边的事件，引导大家了解"每个人的身体都是属于自己的，没有得到本人的允许，别人不得随意触碰"的观念。

　　米莉和茉莉的故事被作者讲述得生动流畅，富有节奏感的语言读来琅琅上口。书中既没有冗长的文字，也没有刻板的说教，文化多元、包容、互信、理解的内涵以及各种成长技能在简单的图画、文字和故事中一一呈现，这或许正是作品能够在 110 个国家和地区受到孩子们普遍欢迎的原因。

阅读推广建议：

　　本书可以通过故事会的形式组织讨论，组织孩子通过情景表演等方式了解人际交往过程中需要注意的问题。

　　阅读年龄：4—8 岁

迷戏

作　　者：姚红 著
出 版 社：译林出版社
出版时间：2010 年 12 月
　　ISBN：978-7-5447-1570-6

图书导赏：

　　1937 年开始的那段历史对于每个中国人都是铭刻于心却又不忍剖开。作者从一个 9 岁孩童的视角出发，讲述秦淮河畔京剧名角筱先生在动荡年代不为日军唱戏而选择离开的故事。全篇虽未直接描摹战争的残酷，却也在不经意间、于细微之处将这段历史展现得淋漓尽致，而作品也通过人物刻画和场景渲染传递了京剧的艺术魅力，使得整个故事不仅具有历史意义更富有艺术气息。

　　姚红深谙如何通过图画书的艺术技法对主题加以表达。她用素描线条、浅淡的水彩和多形式的画面布局烘托氛围，不着痕迹地表达了筱先生的艺术造诣、人物性格和民族气节。连贯的小图用分镜手法将筱先生一日生活呈现出来，每一个生活环节都将小女孩设计入内，表现了筱先生对孩子的包容喜爱，也从孩童视角观察到筱先生生活中的细腻和严谨。筱先生正式亮相舞台的过程更是作者独具匠心的设计。4 幅跨页折叠如剧场幕布，开启后呈现出暖黄明亮舞台背景，将筱先生精湛的一系列表演笼罩在淡淡的胭脂色中。

　　艺术的绝美和战争的残酷相互交织，成就了这部图画书的艺术价值和主题意义。表达战争主题的原创图画书作品并不多，此为这一类作品的杰出代表。

阅读推广建议：

　　本书中除了对于历史的介绍还有大量关于京剧艺术的描绘，可以通过设置相应专架展示推荐、组织京剧观影会、参观京剧剧院等方式配合此书举办"走近京剧"专题活动。

　　阅读年龄：7—12 岁

春风带我去散步

作　　者：金波 著

出 版 社：江苏少年儿童出版社

出版时间：2010 年 12 月

ISBN：978-7-5346-5427-5

图书导赏：

本书是著名儿童文学作家金波先生的散文自选集。金波先生创作儿童文学逾50 年，其文字被称赞为"最规范的现代汉语"。作为"一位热爱大自然、热爱生命的诗人"，他用孩童的心灵和好奇的眼睛观察这个世界，用通俗平易又洗练自然的语言替儿童表达对这个世界的爱和理解。

这本散文集分为写景散文、叙事散文、抒情散文、知识散文、童话散文 5 个部分，全书收录 60 余篇小文。每篇文章篇幅不长，但字里行间充盈着诗意与浪漫。无论是像金子一样的阳光，还是每天和晨光一起开放的牵牛花，无论是山上的毛栗子，还是雨后的大森林，它们的故事鲜活动人，描述它们的语言节奏明快，如小溪流一般清浅而又欢畅。只有对生命和自然包含感情的诗人，才能在作品中传递出如此动人的诗篇。他在春天的所见所感，既是一幅幅春的画卷，也给人们带来对生命的信心和希望。

阅读推广建议：

本书中收录的散文篇幅短小、文字优美，适宜通过组织小型朗诵活动，也可作为名家散文诗专题推荐和专架展示。

阅读年龄：7—12 岁

深谷里的羚羊

作　　者：（日）椋鸠十 著；安伟邦 译

出 版 社：二十一世纪出版社

出版时间：2010 年 5 月

　ISBN：978-7-5391-5600-2

图书导赏：

本书是椋鸠十的动物小说集，收录了《深谷里的羚羊》《动物的小品文》《大山的英雄》《战斗的羚羊》等 11 篇短篇动物小说。椋鸠十的作品取材广泛，构思奇巧。本书的每篇作品都会有引人入胜的情节和令人耳目一新的动物形象。

在《深谷里的羚羊》一文中，作者描述了一幕令人惊心动魄的"追逐战"。在猎人、猎犬与虎头海雕的双层夹击下，以三头老羚羊为首领的羚羊群穿越层层险阻，机智勇敢地躲避了多重袭击，最终抵达了目的地。故事的气氛营造得恰到好处，读者仿佛被带入一个冰天雪地却又激烈紧张的世界，阅读的情绪随着情节的发展而起伏。在《山夫与孩子》一文中，拥有正直心灵的山夫与邪恶的魔法女巫用他们不同的方式向我们展现了两个截然不同的世界，善的力量最终战胜恶，优美的歌声用轻柔的力量涤荡着我们的心灵。

椋鸠十的作品不仅给读者提供有关动物的知识，而且通过生动的故事传递他对于生命的思考和理解。他将动物行为与自然的伦理观结合起来，站在动物的立场观照人与动物的关系，解读这个世界的美与善。

阅读推广建议：

图书馆可设立椋鸠十作品专架，也可设立动物小说专架。

阅读年龄： 7—12 岁

绘本有什么了不起?

作　　者: 林美琴　著
出 版 社: 新疆青少年出版社
出版时间: 2011 年 10 月
ISBN: 978-7-5515-0339-6

图书导赏:

进入图像阅读时代，文图结合的绘本成为家长和儿童的首选读物。随着绘本创作引进和出版数量的不断提升，绘本的概念、特征、文图关系、表现艺术，绘本在儿童阅读发展中的价值和作用，以及讲读绘本的方法和技巧成为家长和儿童阅读推广人关切的议题。同时，质疑绘本阅读的声音也不绝于耳，不少家长担心图画比例过重的阅读让儿童的文字阅读能力下降。台湾的林美琴女士结合自己在阅读和写作方面的教学经验，写作了这本《绘本有什么了不起》，通过解析 100 多本绘本实例，细致明确地探讨了绘本对儿童阅读能力的发展作用。

在对绘本的概念和特征加以厘清的基础上，林美琴探析了绘本阅读与儿童阅读能力之间的关系，提出绘本阅读应当从图感进入语感。同时作者运用"促进国际阅读素养研究计划（PIRLS）"提出的阅读策略，细致说明了通过绘本阅读提升儿童阅读力的技巧和方法。最后，作者选用 5 本具有代表性的绘本佳作，通过逐一解析，提供了实战的阅读策略。

本书对于关注绘本阅读的家长、老师以及阅读推广人来说，是一部理论和实际相结合的绘本阅读操作指南。书中提及了 100 多本优秀经典绘本，为读者选择适切的绘本提供了选目指南。

阅读推广建议:

作为绘本阅读指导书目，可作为教师用书推荐，也可作为图书馆绘本讲读的指导用书。

阅读年龄: 13—18 岁；家长、教师

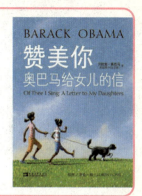

赞美你：奥巴马给女儿的信

作　　者：（美）贝拉克·奥巴马 著；
　　　　　（美）洛伦·朗 绘；顾猷 译
出 版 社：中国青年出版社
出版时间：2012 年 1 月
　ISBN：978-7-5153-0322-2

图书导赏：

　　本书是美国总统奥巴马写给自己两个女儿的信，他用温柔优美的口吻，深情真挚地赞美自己的孩子，同时也是向 13 位具有开创意义的美国英雄致敬，向美国的信仰致敬。正如本书的名字——赞美你，奥巴马总统在他的女儿身上看到了"美国精神"的一脉相承，并通过这种独特的方式表达了他对这些品质的赞美，以及对孩子们的爱。而这不仅是对自己孩子的赞美，更是对全美国孩子们的赞美。

　　奥巴马惯常以运筹帷幄的政治家身份出现在人们的视野里。当他被贴上普通父亲的身份标签时，我们发现他同样具有为人父的智慧。如何教育孩子？奥巴马选择用赞美和榜样的力量感染女儿，用赞美的话语鼓励她们。他在无形中给予孩子智慧、创造力、勇气、悲悯、自由、坚韧、尊重、善良、执着、开拓、包容以及爱等所有美好品质的意义、赞美和祝福。最后，他说要为美国公民而自豪，让孩子明白"国家"和"民族"4 字的分量。

　　本书在引进时保留了英文原文，增加了其外语教学的功能。书后附有 13 位美国英雄的简介。本书的插画同样让人印象深刻，随着讲述的深入，开页左页画面上的孩子逐渐增多，仿佛被开页右侧偶像吸引的人越来越多，后来汇集成形形色色的全美国孩子，最后一页定格在父女 3 人的明快的背影中，从孩子到国家，从国家到民族，再落脚于核心家庭，构思巧妙，寓意深刻。

阅读推广建议：

　　本书可用于亲子阅读，可用于中、英文诗朗诵素材。

阅读年龄：7—12 岁

商务印书馆民国老课本经典诵读：启蒙

作　　者：张元济等　原编　著；邓康延　主编；
　　　　　南兆旭　校订

出 版 社：商务印书馆

出版时间：2012 年 1 月

ISBN：978-7-1000-8527-4

图书导赏：

　　本书为中国出版家张元济先生编著的"商务印书馆民国老课本经典诵读"系列丛书之一。丛书的编订分为启蒙、常识、歌谣、修身、故事、童趣 6 大类，从民国老课本中选取精华课文辑录而成。

　　本册为"启蒙"篇，开篇所言"启蒙就是让美好发芽，快乐出发，万物在春雨无声中悄悄长大"道明了编者的编选原则与意图。课文内容图文并茂，由浅入难，逐步引导孩子完成从"手""足"等简单文字的认读到良好习惯、做人道理的学习。

　　本书采用了原汁原味的老课本影印本，由于历史原因，课本文字为繁体字，排版方式为竖排版。为了便于小读者阅读与学习，编者在编排时使用了简繁对照的方式，并在简体版课文后对生字词进行注音与解释。丛书还配有朗读 CD，采用老师领读，学生跟读的方式录制，让读者仿佛置身于课程教学情景中，在体味民国教科书风貌的同时，加深对课本的阅读与学习。

　　本书不仅是对民国教育的追忆，在带领读者穿越百年与民国时期的教育家们对话的同时，也可令教育者和家长对当下儿童教育展开反思，思考如何让今天的儿童教育教学返璞归真。

阅读推广建议：

　　本书可设立民国老课本专架，也可推荐用作小学生及学前儿童的课外阅读材料，也可用于繁体中文学习教材。

阅读年龄：0—8 岁

我的课外观察日记 · 我的后院观察日记

作　　者：（韩）文瑛美　著；（韩）赵美子　绘；
　　　　　秦晓静　译

出 版 社：北京联合出版公司

出版时间：2012 年 1 月

　ISBN：978-7-5502-0330-3

图书导赏：

"我的课外观察日记"系列丛书是一套科普类书籍。它带领小朋友走近大自然，认识大自然中种类繁多的花鸟鱼虫，满足孩子们的好奇心，并培养他们养成观察、纪录的好习惯。《我的后院观察日记》是该系列丛书中的一册。后院就是作者王瑛美的百草园，她用小朋友写日记的方式，将自己认识、亲近、喜爱的大自然一年四季的变化过程，用生动童趣的语言记录下来，一切动物、植物以及普通的种植工具都被作者添加了表情性格，拥有可爱鲜明的形象。

该书封面为书中漂亮后院的缩影，让拿到书的小读者眼前一亮，对书中即将出现的人、发生的故事充满好奇。本书先从种植所用的工具开始介绍，将这些工具拟人化，让普通的工具变得生动活泼。接下来，作者按照春、夏、秋、冬的时间顺序，以孩子的角度、采用简单易懂的语言介绍小主人公在后院观察到的蒲公英、郁金香、紫杉、黄鹂等动植物，为小读者上了一堂精彩的自然课。书中的小主人公还制作了艾草大酱汤、土豆煎饼、凉拌小菜、泡玉竹茶等食物，亲自动手编茅草笊篱，配制杀虫魔法水，进行了丰富多彩的课外活动。令小读者读来身临其境。严谨的科学态度，自然亲切的语言和生动有趣的创意，让该书荣获了"韩国友利教育儿童图书作者奖"的称号。

阅读推广建议：

整套书是针对幼儿的优秀百科知识图书，适合图书馆向幼儿家长推荐，也可在图书馆组织亲子阅读活动。

阅读年龄：7—10 岁

发现之旅: 历史上最伟大的十次自然探险

作　　者：（英）托尼·赖斯　编著；林洁盈　译；
　　　　　黄文山，杨宗愈　审订

出 版 社：商务印书馆

出版时间：2012 年 1 月

ISBN：978-7-1000-8500-7

图书导赏：

　　《发现之旅》一书记录了过去 300 年间人类最伟大的 10 次探索自然之旅，收集了伦敦自然史博物馆 300 余帧精美的珍藏画作，将博物馆缩微成图书展现给读者。

　　作品按照时间的顺序讲述了自 17 世纪开始，著名自然博物学家开展的 10 次重要的自然探险历程。无论是英国汉斯爵士在 17 世纪的牙买加之旅，还是荷兰人保罗·赫尔曼等人对锡兰动植物的探索，或者是两位英国生物学家在 19 世纪 70 年代乘挑战者号护卫舰对深海的探测和对海洋学的研究，整部作品既宏大又细腻，以严谨的科学精神传递了科学家与艺术家对大自然的热情，以及他们探索未知事物的决心与毅力。他们的探索研究不仅为后人留下珍贵的文字图片资料，同时也推动了科学和技术的发展。在挑战者号护卫舰上，探险队的科学家们设立了专门的实验室，利用当时尚不成熟的照相技术，将照片与手工绘图结合起来记录资料。

　　本书不仅提供引人入胜的历史探险故事和背景知识，将读者带入自然博物学的殿堂考察相关的历史资料和研究成果，特别令人赞叹的是全书中呈现的一幅幅精美的手工插画。它们大多来自于自然史学者兼艺术家之手，用以记录探险途中发现的物种。画作历经时间的洗涤，仍保存得细致完整，栩栩如生。科学与艺术在这部作品中交相辉映，成就了这部作品的经典地位。

阅读推广建议：

　　本书是针对青少年的优秀科普知识类读本，可与其他同类书籍开设专架展览，图书馆也可播放相关纪录片，扩大读者的知识面。

阅读年龄：13—18 岁

汽车嘟嘟嘟系列 · 叮咚！公共汽车

作　　者：（日）竹下文子 著；（韩）铃木守 绘；
　　　　　彭懿 译
出 版 社：接力出版社
出版时间：2012 年 1 月
　ISBN：978-7-5448-2223-7

图书导赏：

　　"汽车嘟嘟嘟"系列丛书是一套低幼科普类图画书。该丛书由日本儿童文学作家竹下文子与铃木守合作而成，带领低幼儿童认识马路上来来往往的各种交通工具，体验街道上常见的各种生活场景，强调培养幼儿的观察力。

　　《叮咚！公共汽车》是该系列丛书中的一册。本书图画色彩艳丽，画面生动活泼，语言简洁质朴，所描绘的都市场景真实鲜活。一辆公交车，从都市开到乡村，逐渐从孩子们熟悉的车水马龙的街道，穿越林立的高楼，开往青山翠谷，朝着小桥流水人家驶去。小读者仿佛通过阅读乘坐了一次公交车，在行程中认识和了解车上的人和事。作为一本兼具人文、科学和艺术特质的优秀图画书，本书还向幼儿传递了交通规则意识和礼让他人的行为道德规范：例如，坐公共汽车要有序上下车，礼貌谦让；过马路要走人行横道，注意安全；要给老人和有需要的人让座，尊老爱幼、助人为乐。富有趣味的阅读寓教于乐，让幼儿在愉快的图画书翻阅过程中建构其行为规范。

阅读推广建议：

　　整套书是面向幼儿的经典图书，适合图书馆向幼儿家长推荐，也可用作幼儿科普图画书专架。

　　阅读年龄：0—6 岁

少年数学实验

作　　者：张景中，王鹏远　著

出 版 社：中国少年儿童出版社

出版时间：2012 年 10 月

ISBN：978-7-5148-0824-7

图书导赏：

本书是张景中院士和国内最早把教育技术引入数学教育的王鹏远老师合作编写的数学科普作品。全书将数学知识与计算机教学结合起来，划分为"漫游数学百花园"和"电脑解题空间"两个部分。两部分侧重点不同，但又相辅相成。在"漫游数学百花园"中，作者将生活中的问题与数学知识巧妙地结合起来。例如，针对小河上漂浮的树叶讨论平移问题，通过打台球照镜子解释轴对称，根据小鸡吃米、风车与钟表等现象讨论旋转的概念，这些看似枯燥的数学原理在与生活中的事物结合后，变得通俗易懂、生动有趣。实验是学习数学的重要手段与方法，是学习过程中最重要的环节。"电脑解题空间"这个部分计算机为辅助手段，以教育软件"超级画板"为操作平台，使小读者在实验操作中答疑解惑、加深对知识点的理解，提升小读者的创新能力。

这是一本值得读者反复阅读及思考的书籍，它让读者在快乐的教学氛围中发现、提出并解决问题。随时随地激发读者的大脑、开阔眼界。该书用于激发读者的学习兴趣、拓宽知识面，并培养他们动手实践的能力，让更多的小读者对数学产生兴趣、喜欢上数学。

阅读推广建议：

本书是一本优秀的数学课外辅导图书，适合图书馆向广大青少年及中小学教师推荐阅读，也可以"数学实验"为主题开设专架展示本书。

阅读年龄：13—15 岁

动物亲情故事

作　　者：沈石溪　著

出　版　社：中国少年儿童出版社

出版时间：2012 年 8 月

　ISBN：978-7-5324-9134-6

图书导赏：

　　沈石溪先生曾在云南西双版纳生活了 18 年，那里是名副其实的"动物王国"，他打猎的时候常常能够近距离观察各种飞禽走兽，感受动物世界的别样风采。这样独特的人生经历和体验为他日后的动物小说创作积累了丰富的写作素材。

　　在本部小说中，沈先生将他真切感受到的动物之间浓郁的情感力量诉诸笔端，娓娓道来的是一个个真实自然、震撼人心的动物亲情故事。失去雄鸟庇佑的雌鸟，即使断绝了食物也不曾跨出孵卵的鸟巢一步；濒临死亡边缘的母豹拖着受伤的躯体为幼仔觅食，临死之际甚至冒着被猎杀的危险乞求人类收养她的孩子；被猎人掳去幼仔的黑熊，勇敢地和猎人斗智斗勇，最后不惜用自己的生命去解救孩子；作为母亲，她们对孩子的爱执着而浓烈、勇敢而刚毅，令人唏嘘不已。嗷嗷待哺的小火鸡被一只母狗喂养长大，为了能刺激受伤的母狗重新站起来，小火鸡狠狠地去啄她，这一善意的"挑衅"可谓用心良苦，这份孝子的感恩之情令人动容。眼见凶狠的眼镜蛇吞食了一窝鸟蛋，弱小的太阳鸟以飞蛾扑火、以卵击石般的决绝之情和敌人殊死搏斗，一只只前仆后继，这种族群间的亲密情谊令人震撼。作品用一个个摄人心魄的小故事赞叹了动物间的脉脉亲情，也表达了动物世界呈现的人性力量。

　　整本书语言明朗晓畅，富有诗意和哲理，字里行间流露出作者对原生态动物世界的理解和感悟。西双版纳地区独特自然风景的描写细致入微，令人心向往之。全书印刷精致，配图唯美，值得品读。

阅读推广建议：

　　本书可做沈石溪作品推荐，也可作为动物小说专架展示。

阅读年龄：9—15 岁

无字图书馆

作　　者：（西）霍尔迪·塞拉利昂·依·法布拉
　　　　　著；李竞阳　译
出 版 社：新蕾出版社
出版时间：2012 年 8 月
ISBN：978-7-5307-5500-6

图书导赏：

　　这是一本关于图书馆和书籍的小说，作者法布拉一直是图书馆的忠实读者。在这个泛着浓郁书香的地方，浩瀚如海的书籍催生了他的写作灵感，为此他写下了这部意味深长的作品。

　　故事发生在一个小镇上，这里的很多人都只喜欢看电视，不爱看书。一天，火车站站长在回家的路上无意间发现了很多四处飘零的字母。追随着坠落的字母，他和镇长来到了一所因无人问津而关闭了一年多的图书馆。原来字母都是从这里跑出来的，偌大的图书馆已经变成了字母的海洋，所有的藏书都变成了无字天书。正当人们一筹莫展的时候，镇长的女儿玛嘉想出了一个主意，但是妄自菲薄的大人们根本不理会。于是，这个聪明勇敢的女孩子独自偷偷跑进图书馆，把散落的字母拼在一起写出了一本本故事书。她把这个奇迹告诉了朋友们，他们带着想象力和热情编织了一个个充满希望和梦想的故事，重新赋予了书新的生命。当大人们发现这些孩子时，玛嘉用演讲征服了人们，大人们也参与到其中，用书去谱写激情和梦想。这些图书因梦想而变得熠熠生辉，这里成了全世界最著名的图书馆，很多人成了作家，玛嘉也荣获了诺贝尔文学奖。

　　身处信息时代，我们习惯留恋于视觉影像和互联网的时候，很少有人能真正沉寂下来认真阅读一本书。本书使我们重新审视人和书籍的关系——书是有灵魂的，当它被人忽视遗忘，书会因悲伤、孤独而死亡；只有人们热爱阅读，亲近图书，书籍才有它存在的价值，它会源源不断向人们输送知识；热爱写作的人们也能通过写作书籍放飞自己的希望和梦想。本书行文通俗流畅，情节充满悬念，既引人入胜又发人深省。

阅读推广建议：

　　本书适合亲子阅读，可建议读者在阅读此书前来图书馆走走，感受这里的文化氛围，作为阅读的热身活动。

阅读年龄：9—12 岁

乌丢丢的奇遇

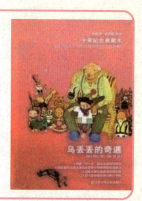

作 者：金波 著；崔道怡 译
出 版 社：新蕾出版社
出版时间：2012 年 4 月
　ISBN：978-7-5346-6358-1

图书导赏：

　　本书讲述一个关于生命和爱的童话故事。主人公乌丢丢是一只从木偶身上掉下来的小脚丫，被善良的跛脚女孩儿珍儿所收留。珍儿将他缝在布娃娃身上，赋予他新的生命。乌丢丢想念曾带他四处演出的布袋爷爷，不辞而别后，阴差阳错地闯入诗人吟痴老人家中，结识了一群有生命的伙伴——诗篓子、套娃姑娘、小泥猴、鬃人、不倒翁……乌丢丢在这里感受到爱、快乐和忧伤，并在吟痴老人的陪伴下，踏上了感恩之旅。他们邂逅了信守诺言逆风而飞的蝶、憧憬鸡蛋开花的芸儿、无私牺牲却重获新生的蘑菇人……种种经历使乌丢丢对生命有了更深刻的理解和感悟。历经跋涉，他与珍儿在火场重逢。救火时他的身子不幸被烧掉，只留下一只脚。乌丢丢将这只脚送给珍儿，让她成为一个健康的人。帮助珍儿的过程让他真切感受到了生命的真谛——"有爱滋养的生命，才是鲜活、美丽和不朽的生命"。

　　金波老师笔下这个优美而略带忧伤的童话故事充满深意，跟随着乌丢丢的脚步，我们仿佛经历了一次涤净心灵之旅，内心也跟着润泽起来。在情节构思上他匠心独运，每章故事都以十四行诗作为引子，前一章诗的尾句与后一章诗的首句相同，由此构筑了独特的"十四行诗花环"，使这个童话充满了耐人寻味的诗意。

阅读推广建议：

　　本书可作为童话书专架展示或专题推荐，也可就书中的十四行诗举办小型诗朗诵会。

　　阅读年龄：9—12 岁

栓牛的山茶树

作　　者：（日）新美南吉　著；周龙梅、彭懿　译
出 版 社：新星出版社
出版时间：2012 年 8 月
ISBN：978-7-5133-0832-8

图书导赏：

　　新美南吉的作品结构简洁、故事清新，他带着一颗纯洁的童心，以儿童的视角进行文学创作。无论是孩子还是动物在他的作品中都有着活泼可爱的形象。

　　本书是新美南吉的短篇小说集，全书收录了 50 余篇动人的小故事。"小狐狸买手套"是新美南吉"小狐狸三部曲"的其中一篇。故事讲述冻伤了手的小狐狸在妈妈的指导下独自到镇上买手套，虽然被老板发现了蹊跷，但小狐狸最终顺利地买到了手套。在小狐狸心里，从未见过的"人"可以成为友善和蔼的朋友。全文散发着浓浓的温情与爱的光芒，作品反映了作者对良善人性的希望和期待。"蜗牛的悲哀"篇幅不长，将"谁都有悲哀"的主题用寓言的方式呈现了出来。在"栓牛的山茶树"一文中，作者塑造了一个为了实现梦想竭尽全力的人物，面对困难百折不挠，虽然也曾有过偏差，但最终实现了自己的愿望。

　　4 岁丧母的新美南吉内心始终有着对爱和亲情的渴望，这种内心期待在他后来所写的童话中始终贯穿。他的作品题材广泛，既有篇幅短小的幼年童话，主题现实的少年小说，也有色彩浓郁的民间故事。他的文字质朴自然，情感真切。令人遗憾的是，这位 1913 年出生的作家不到 30 岁便离开人世，只留下大量优秀的儿童文学作品，让一代又一代读者为之动容。

阅读推广建议：

　　图书馆可专门就新美南吉作品做专题推荐，也可通过读书会、故事会等形式组织孩子们对作品进行赏析。

阅读年龄：7—12 岁

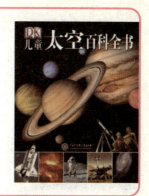

DK 儿童太空百科全书

作　　者：英国 DK 公司 编著；王佳等 译
出 版 社：中国大百科全书出版社
出版时间：2012 年 1 月
ISBN：978-7-5000-8716-8

图书导赏：

　　生活在宇宙中小如一粒尘埃的星球上，我们最大的挑战之一便是对于浩瀚星空不断地求索。本书是一本综合性的有关空间探索的百科全书，从距离我们最近的行星到遥远的星系以及我们所在的整个宇宙，展示了一切小读者想知道的宇宙中奥秘，将孩子们带往神秘的太空深处。

　　本书共分为 9 个部分，分别是"探索宇宙""不平静的宇宙""发射""人在太空""太阳系""地球""月球""太阳""恒星"，不仅对地球、太阳、月亮等星球进行了详细的介绍，还收录了人类在太空探索进程中，包括中国在内的一些国家载人航天技术的最新进展以及太空旅行等信息。阅读此书，你会邂逅高速运行的彗星，了解到火箭和望远镜是如何工作的，探知极端的温度和肆虐数个世纪的风暴等。本书的一大亮点是，通过英国 DK 公司与美国航天局和其他空间机构的国际空间档案部门协调，在书中使用了许多未曾公开过的太空图片，如美国航天局提供的包括服装、食品、徽章和航天器零件等在内的文物照片。另外，本书的主创人员有机会直接与航天员及计划参与者面谈，请他们详细描述了亲身经历的航天及发射等真实场景和细节感受，让小读者能了解到国际空间站里的真实生活。本书还提供了便捷的信息检索方式，数百幅精美图片和地图、图表、时间表等在书中交叉引用，以符号标注页码，可以轻松查阅需要的内容。

　　本书由美国国家航空航天局提供了震撼的摄影照片，图形新颖，内容精彩，版式设计有创造性，同时语言精准、简练并易于理解，通过有趣的事件、历史线索以及世界一流的摄影作品，将神奇的外太空展现在小读者面前，是一部不可或缺的太空百科全书。

阅读推广建议：

　　可选取书中的主题进行作文比赛和演讲比赛，让小读者写出和说出自己的读后感。

阅读年龄：9—15 岁

小学生最想知道的 100 个为什么：科学的秘密

作　　者：（美）凯西·沃拉德　著；黛布拉·所罗门　绘；张明伦　译

出 版 社：电子工业出版社

出版时间：2012 年 1 月

ISBN：978-7-1211-4714-2

图书导赏：

　　"小学生最想知道的 100 个为什么"系列丛书是美国纽约《新闻日报》科普专栏的经典童书，《科学的秘密》为其中一册。"为什么"专栏 1987 年首次出现在《新闻日报》的《探索与发现》版，数年来收到来自世界各地的孩子们提出的无数个问题并加以回答。丛书摘取了专栏中的各种问题，和孩子一起认识身边的秘密、自然的秘密和科学的秘密。

　　《科学的秘密》选取了孩子问得最多的 100 个经典科学问题。有的问题涉及颜色和光线：比如天空为什么是蓝色的、彩虹是从哪里来的、星星为什么会闪烁等。有的问题涉及力与物质：比如为什么泡沫是圆的、星星为什么不会坠落、时空旅行是可能的吗等。有的问题关涉宇宙的秘密：比如为什么繁星能组成美丽的图画、为什么太空是黑色的、什么是黑洞等；有的问题讨论太阳系和地球的知识：比如太阳是怎么样形成的、为什么火星是红色的、地球为什么是倾斜的、怎样计算出地球的长度等。也有关于天气、动物园以及人类奥秘的问题。每个问题都吸引小读者不断探索和挖掘。

　　本书内容丰富、深入浅出，诙谐的漫画插图生动有趣。穿插在书中的小趣闻能够拓宽小读者的视野。作为影响美国一代孩子成长的经典科普童书，本书历久弥新。

阅读推广建议：

　　可让家长陪同孩子一起阅读本书，或针对书的内容举行知识竞赛。

阅读年龄：9—12 岁

长颈鹿不会跳舞

作　　者：（英）吉尔斯·安德烈　著；
　　　　　（英）盖伊·帕克－里斯　绘；
　　　　　麦豆，兰童　译
出 版 社：北京科学技术出版社
出版时间：2012 年 4 月
　ISBN：978-7-5304-5704-7

图书导赏：

　　长颈鹿杰拉德天生就有优美纤细的脖子和细长弯曲的四肢，它可以轻易地吃到树顶的嫩叶。但是杰拉德也有它的烦恼。它很担心自己会在一年一度的丛林舞会上出丑。跳舞对杰拉德来说是一件难事。它只要转个圈就会摔个四脚朝天。舞会上，疣猪、犀牛、狮子、猩猩展示着各自优美、劲酷的舞姿。当杰拉德鼓足勇气走上舞台时，却遭到动物们的嘲笑。难过的杰拉德独自离开。在一只聪明的蟋蟀的指导下，杰拉德最终学会了跳舞，并且获得其他动物的赞赏和肯定。

　　这是一个鼓励孩子们树立自信心的励志故事，告诉孩子们要正确认识自我，正确对待他人对自己的评价。正如故事中蟋蟀所说，"如果你想要变得不一样，只需一支不一样的曲子就够。"而这支不一样的曲子就是一种最适合自己的方法。每个孩子都有与众不同的一面，只要找到适合自己的方法就能够将自己的特点和优势展现出来。当然，当孩子在成长过程中遭遇杰拉德那样的困难时，需要有人像这只聪明的蟋蟀为其指点迷津。

　　绘者盖伊·帕克－里斯是英国家喻户晓的插画家。本书以明亮的色彩配以明快的画风，将动物跳舞的姿态表达得夸张有趣。读者读图有身临其境之感，仿佛参与了一场丛林歌舞盛会。

阅读推广建议：

本书适合做成长励志专题图书或主题推荐，也可以在集体故事会讲读。

阅读年龄： 4—8 岁

格林爷爷的花园

作　　者：（美）莱恩·史密斯　著；陈科慧　译
出 版 社：二十一世纪出版社
出版时间：2012 年 5 月
ISBN：978-7-5391-7440-2

图书导赏：

　　这是一部构思奇妙、画面美轮美奂、主题感人的图画书作品。格林爷爷的孙子带领着读者走进爷爷的花园，通过啼哭的婴儿、大大的胡萝卜、长水痘的孩子、可爱的女生、浪漫的小咖啡馆等形态各异的园艺作品，将格林爷爷平凡而真实的一生呈现在读者眼前。

　　每一幅作品讲述某一时期爷爷的经历，将艺术气息浓郁的画面合并起来，便成为回忆爷爷一生故事的长画卷。孙子的叙述口吻配以爷爷的园艺作品，仿佛一部带有旁白的时光影片，将生命、成长、爱以及家族连结的主题深刻又自然地传递出来。

　　作品将祖孙的浓浓情谊以微妙的图画细节呈现出来。小男孩一路捡起手套、收起扫帚、拉起小车、拾起爷爷最爱的草帽……原来，他拾起的是被爷爷遗忘在花园里的物品。当他带着"战利品"找到爷爷时，爷爷正在创作最新的作品——可爱的小曾孙。浓浓的祖孙情谊在这一刻几乎溢出画面，生命的传递和传承寓意也被自然地表达出来。故事结尾用一个长卷折页完整地回顾了格林爷爷的一生，这一个新颖巧妙的构思，仿佛影片即将结束时对整个画面的快速重现。创新的图画书技法、感人的主题、巧妙的细节设计以及全书浓浓的艺术气息，让这部作品荣膺 2012 年美国凯迪克银奖。

阅读推广建议：

　　本书讲述了生命、亲情与爱，适合亲子共读，也可与其他讲述亲情的图画书一起作为专题图书和专架展示。

阅读年龄：4—8 岁

艺术大魔法

作　　者：（美）大卫·威斯纳　文/图；

余治莹　译

出 版 社：河北教育出版社

出版时间：2012年9月

ISBN：978-7-5434-9586-9

图书导赏：

世上所有的事物都有既定的规律可循，唯独"想象力"，可以无拘无束天马行空。《艺术大魔法》就是一本充满天马行空般想象力和创造力的绘本。画家达芬蜥正在全神贯注地为一只蜥蜴作画，小蜥蜴马蒂在旁边观看。突发奇想的他也想亲自试试。马蒂拿起画笔在达芬蜥身上"创作"。他先将达芬蜥变得色彩鲜艳，接着洗掉达芬蜥的肤色，最后他用力一拉，将达芬蜥变成了一根长长的线条。在明了色彩、结构和线条之间的关系后，马蒂怎样才能把达芬蜥的身体复原呢？

这是两只蜥蜴通过绘画创作体验艺术魔法的故事。他们在绘画过程中尝试了多种媒材，经过一连串意想不到的事件后创造出与众不同的"杰作"。主人公小蜥蜴马蒂开朗、热情、勇敢，充满想象力和创造力，这正是一位艺术家创作的内在力量。作者用简洁的语言、富有冲击力的画面、幽默风趣的故事情节呈现艺术的神奇和魅力，告诉读者赋予想象力的艺术才能有魔法。

阅读推广建议：

本书可用作培养儿童艺术想象力和创造力的图画书作品推荐，亦可用于举办儿童创意绘画活动。

阅读年龄：4—6岁

我想吃一个小孩

作　　者：（法）西尔维娜·罗尼奥　著；（法）罗萝
　　　　　蒂·德·蒙弗里　绘

出　版　社：北京科学技术出版社

出版时间：2009 年 2 月

ISBN：978-7-5304-4077-3

图书导赏：

　　备受鳄鱼爸爸妈妈疼爱的小鳄鱼突然只想吃一个小孩，为了打消这个愚蠢的念头，鳄鱼爸爸运来粗粗的香肠，鳄鱼爸妈合力烤制了美味巧克力蛋糕，小鳄鱼仍然坚持他固执的想法。当他准备攻击河边的小女孩时，个头小小的它反被女孩戏耍一通扔进河里。饥饿难当的小鳄鱼急忙回家大吃香蕉，继续保留吃一个小孩的愿望。

　　作为一本经典的鳄鱼题材图画书，本书蕴含了不少出乎意料又情理之中的设计。吓人的标题提供了一个诙谐有趣的故事，看似凶猛的鳄鱼爸爸妈妈对小鳄鱼展示了无限疼爱。蛋糕虽然美味仍不能改变小鳄鱼的想法，小鳄鱼看似要与小女孩发生剧烈冲突却得到一个啼笑皆非的结果。

　　作为一个用图画讲故事的经典作品，简约的笔法展示了热带丛林风情，背景颜色和太阳位置变化标示着一天时间的流动，也推进着故事的发展。小鳄鱼表情变化生动，与故事情节相互呼应。封面的小鳄鱼郁闷无奈，拒绝食物时坚决固执，见到小女孩时面露杀气，垂头丧气回家时迫不及待。鳄鱼爸爸妈妈欢喜、担忧、期待、绝望的各种心情也被线条生动地勾勒出来。毋庸置疑，这是一本文图相得益彰、情节妙趣横生的好作品。

阅读推广建议：

本书可用于动物主题专架或组织专题故事会。

阅读年龄：4—6 岁

汉字王国

作　　者：（瑞典）林西莉　著；李之义　译
出 版 社：生活 · 读书 · 新知三联书店
出版时间：2008 年 11 月
　ISBN：978-7-1080-3013-9

图书导赏：

　　《汉字王国》是一本从国外汉学家角度了解中国文化和汉字故事的汉语知识读物。瑞典汉学家林西莉女士选取了与日常生活息息相关的若干个汉字，从其象形结构中去剖析汉字的来龙去脉，以及其背后蕴藏着的中国文化。本书共 15 章，分别讲述了"甲骨文和金文""人和人类""水和山""野生动物""家畜""车、路和船""农耕""酒和器皿""竹与树""工具与武器""屋顶与房子""书籍与乐器""数字和其他抽象的字""意与声"这 15 个方面的汉字故事。在介绍每个汉字时，作者先用简单明了的语言陈述汉字的形态、结构和演变过程，随后再用生动形象的语言讲述每个汉字背后的中国历史文化故事。在林西莉女士的笔下，汉字成了中国人日常生活的剪影；同时，中国的历史与文化也融合到了这些美妙的文字之中。

　　在《汉字王国》里，每一个汉字故事都附有丰富渊博的文史小品和妙趣横生的插画与图片，内容丰满、言语平实、图文并茂。作者用正楷字体介绍汉字形态和演变过程，用仿宋字体讲述汉字背后的故事。这般精心的排版设计为读者提供了清晰的阅读脉络。在讲述汉字故事时，作者选用了大量具有历史价值的图片和具有艺术价值的插图。例如，在介绍汉字"龟"时，作者附上了陕西出土的商代深底青铜盘上的龟形饰物和西安碑林里的龟的图片，帮助读者更好地了解汉字的形象及其蕴藏的历史与传统文化。种种细节无不看出作者对中国社会历史方面面细致入微的观察与体会。此外，作者细腻和温情的语言以及故事性的叙述，让本书摆脱了传统汉字知识读物的生硬与刻板，使阅读与学习的过程变得轻松愉快。

阅读推广建议：

　　本书既可以作为亲子阅读，由家长对孩子讲述汉字故事，也可以用于学校开展课外教学活动，锻炼孩子用自己的语言讲述汉字的故事。

　阅读年龄：9—15 岁

开风气：岭南先贤

作　　者：胡荣锦　著
出　版　社：广东教育出版社
出版时间：2012 年 9 月
ISBN：978-7-5406-9554-5

图书导赏：

　　岭南，是指中国南方五岭之南的地区，即现在的广东、广西和海南全境，涉及湖南及江西等省的部分地区。岭南原是南夷之地，而随着岭北汉人的人口迁移、大庾岭新道的扩建以及历代流人贬官的流放，岭南各地的文化素质与文化水平得到了极大的滋养和提高，涌现了一批卓有建树的名人士大夫，如刘禹锡、寇准、秦观、汤显祖、柳宗元、韩愈等。在中国步入近代之后，岭南地区培养了一众仁人志士，如南海"狂生"康有为、"反斗星"孙中山以及"国士无双"梁启超，前赴后继，为落后腐朽、国难深重的中国带来了革命风潮。

　　《开风气：岭南先贤》便是一部介绍岭南志士的优秀读本，讲述了一代代粤地先贤们求真务实、开拓创新的故事。作者按照岭南地区的经济文化水平，将岭南的历史分为：秦朝至唐朝的开发时期、宋朝至明朝的拓展时期、清初的发展时期和清末民初的变革时期，详细介绍了各个历史时期最具代表性的岭南先贤的历史事迹。作者所列的岭南先贤名录不乏我们耳熟能详的历史名人：书生出身的岭南宰相张九龄、"潮人父母官"韩愈、"不辞长作岭南人"的苏东坡、开创中国留学文化先河的容闳、"中国铁路之父"詹天佑，等等。在作者笔下，中原文化与岭南文化的融合，造就了众多敢于开创一代风气的岭南先贤，他们"重气节""重学问""不求闻达""富创造性"。如作者所言，"初与古人合，次与古人离，他们与中原的恪守师法者迥然不同。他们矫然独出，自成一格，移风易俗，无不自鸣天籁，富有创造精神。"

阅读推广建议：

　　《开风气：岭南先贤》是"晨读晚诵·趣美岭南"系列丛书之一，是一部介绍岭南地区历史文化的优秀读本。本书可以与该系列的其他作品一起组织专架展示或专题推荐。

阅读年龄：9—18 岁

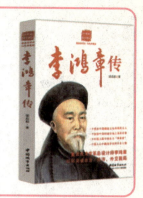

李鸿章传

作　　者：梁启超　著

出 版 社：中国城市出版社

出版时间：2011 年 5 月

ISBN：978-7-5074-2344-0

图书导赏：

本书是梁启超先生所撰的人物传记中最为著名的一本，又名《中国四十年来大事记》。梁启超先生纵观李鸿章跌宕起伏的一生：早年落拓、镇压太平天国、参加甲午海战、大兴洋务运动，斡旋于世界外交舞台，终至风烛残年。全书共 12 章，根据重要的历史事件，将李鸿章的一生分为 6 个阶段，分别是：入仕之前、结交恩师，成立淮军、平定太平天国之乱，兴建北洋海军、创办洋务运动，周旋各国列强、签订耻辱条约，巡察河工、出任两广总督和悲凉暮年。梁先生鞭辟入里地分析了李鸿章的种种功过得失，更指出了李鸿章失败的必然性，即清朝政府禁锢民智民力的腐朽制度。

梁启超先生的《李鸿章传》有别于中国传统人物传记"类皆记事、不下论赞"的模式，而是采用了"西人传记之体，载述李鸿章一生行事，而加以论断"。在评价李鸿章的才识、功过、地位时，梁先生抛开其与李鸿章政见之相左、私交之泛浅，以客观公正的视角予以评定。此外，梁先生把李鸿章同古今中外的各大政要如霍光、诸葛亮、曾国藩、张之洞、袁世凯、俾斯麦和伊藤博文等进行了对比，对其一生的人品、学识做了深入的总结："李鸿章有才气而无学识之人也，有阅历而无血性之人也"，表达了他对李鸿章空有出众才能、却无远见卓识的惋惜。在梁启超眼中，李鸿章虽甘于忍辱负重，有一颗鞠躬尽瘁死而后已之心，却败于其抱残守缺的愚钝。

虽然本书著于清末，但梁启超先生有意采用俗语写作，文章通俗易懂，雅俗共赏。同时，梁先生深厚的文史功底、卓越的文笔、明晰的条理，给本书以独特的历史视角，令人深思，启迪民智。此外，笔锋间更流露出了强烈的忧国忧民情怀，将深深触动每一个读者的心灵。

阅读推广建议：

本书是历史人物传记中的典范之作，开创了一代传记写作的新文风，可以用作专题推荐和专架展示。

阅读年龄：13—18 岁

洛克菲勒留给儿子的 38 封信

作　　者：（美）约翰·戴维森·洛克菲勒　著；
　　　　　海兰　编译
出　版　社：九州出版社
出版时间：2012 年 4 月
ISBN：978-7-5108-1339-9

图书导赏：

　　人类历史上第一位亿万富翁、美国第一家工业托拉斯企业的创建者约翰·戴维森·洛克菲勒，虽出身寒门，却凭借坚定的信念、不懈的奋斗、严谨的态度，创立了庞大的商业帝国——标准石油公司。《洛克菲勒留给儿子的38封信》通过洛克菲勒的亲笔书信，真实地记录了这位石油大亨创造财富的传奇经历，再现了洛克菲勒卓越的才能、崇高的品德、忠于梦想的坚定信念，让读者受益匪浅。

　　全书收录了38封洛克菲勒留给儿子小约翰·洛克菲勒的家书，讲述了这位名噪海内外的石油大王神话般的人生经历。美国第十三任联邦储备委员会主席艾伦·格林斯潘曾经这样评价此书："洛克菲勒先生写给他儿子的这些信件真是太宝贵了，这是洛克菲勒家族的传家至宝，是整个洛克菲勒家族强大、富有的秘密。"然而，此书的珍贵之处不仅在于它展现了洛克菲勒家族的致富之道，更在于它揭示了许多深刻的为人处世的道理。当谈到实践的重要性时，洛克菲勒说道："一个稍微有些瑕疵的构思得以成功实践，要强过千个空想而未付诸实践的完美想法"；当谈到知识的价值时，洛克菲勒比喻道："伟大的书籍就是茁壮的智慧树，伟大的心灵之树"；当谈起责任和义务时，洛克菲勒承诺道："我的心中有着一种比拥有巨额财富更加崇高的东西，那就是根据国家的需求适时为国家服务。"没有苦口婆心的说教，没有花哨的修辞，没有浮夸的言语，洛克菲勒以朴实无华的家书形式，将自己的做人之道向后辈娓娓道来。

　　编者在每一封家书后附加了一则洛克菲勒的人生小故事，向读者介绍了每封书信的来龙去脉、前因后果。在全书最后详细介绍了洛克菲勒的人生履历，让读者对洛克菲勒有一个整体认识。

阅读推广建议：

　　本书可以作为青少年的课外读物，也可以供父母和老师阅读。

阅读年龄：13—18 岁

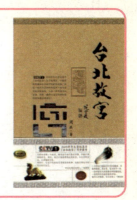

台北故宫

作　　者：周兵 著
出 版 社：金城出版社
出版时间：2009 年 2 月
　ISBN：978-7-8025-1143-9

图书导赏：

　　本书是根据 2009 年央视大型纪录片《台北故宫》改编的历史文化读本。作者周兵试图以独家的视角，向读者呈现台北故宫的旷世文物，记录这些国宝颠沛流离的迁移过程，讲述那些刻苦铭心的历史经历，揭示一个个埋藏在国宝背后的历史真相。

　　全书共分 4 章："国宝大迁移""国宝六君子""国宝在台湾"和"国宝大故事"。第一章引用了大量的史实和数据，再现了故宫国宝"南迁避战火""风雨渡海峡"等 7 次迁移过程，揭示了在那个战火纷飞的年代国宝保护工作的艰辛与困难。第二章将浓重的笔墨留给了为故宫文物保护做出巨大贡献的 6 位学者——杭立武、李济、庄严、那志良、昌彼得和索予明，叙述了一件件震撼人心的情感故事。第三章介绍了故宫国宝在台湾的流转、保藏、展览以及在民间的文化交流活动。在第四章国宝大故事中，作者从故宫众多珍品中挑选了数十件精品，讲述这些国宝千百年来的曲折传奇的经历，揭示它们背后蕴藏着的哲学思想、审美价值和人文精神。

　　周兵既是《台北故宫》一书的作者，也是同名纪录片的导演，从而赋予了本书较强的纪录片叙述逻辑，所有的国宝故事都按照严谨的时间顺序展开，章节与故事之间连接紧密而有序。同时，纪录片中呈现出的不少奇珍异宝也以插图和图片附录的形式收录进本书，图文并茂。再者，在讲述国宝故事时，作者更深刻揭示了一段段不为人知的历史，对尘封的历史进行反思；同时，作者对台北故宫国宝的艺术价值，以及其作为大陆与台湾情感纽带和文化桥梁的现实价值和历史价值进行了阐述，丝丝入扣，触动人心。因而，本书是一部了解故宫文物、了解中华历史文化的优秀读物。

阅读推广建议：

　　本书可用于普及中国历史和中国传统文化，可作为青少年深入了解故宫与故宫文物的优秀读物，也可用于"世界文化遗产"主题的推荐或专架展示。

阅读年龄：16—18 岁

作文讲话

作　　者：章衣萍　著

出 版 社：首都经济贸易大学出版社

出版时间：2012 年 4 月

ISBN：978-7-5638-1991-1

图书导赏：

　　《作文讲话》是民国时期著名作家、翻译家章衣萍的作品，初版于 1930 年 12 月，由上海北新书局出版发行。章先生毕业于北京大学，在校期间曾任胡适的助手，后在陶行知创办的教育改进社主编《教育》杂志。在其短暂的一生中，章先生与胡适、鲁迅等近代学者结下不解之缘，曾与鲁迅等人一同筹办《语丝》月刊。在其担任暨南大学校长秘书兼文学系教授期间，教授修辞学与国学概论等课程，著有短篇小说集、散文集和不少优秀的少儿读物。《作文讲话》就是一部非常优秀的少儿读物，不同于范文类的作文教材（意在为学生写作提供模仿和借鉴的范文），章先生的《作文讲话》是一本教授如何写作、如何妙笔生花、如何言之有物的写作讲义。

　　全书共 10 讲，从宏观到微观，介绍了章先生的写作理念。第一讲到第三讲，从宏观层面论述了写作的意义，写作与读书、观察、想象的关系。第四讲到第六讲，章先生带领读者进入写作的微观层面，从遣词、造句、篇章结构三个维度，层层递进地陈述了自己的写作技巧与理念。章先生认为，用字在于"平易""确切"和"巧妙"，造句意在长短适宜、文法正确、修辞恰当，结构讲究"统一""平均"和"联结"。在最后 4 讲中，章先生按照作文的不同体裁，分别教授了记事文、叙事文、解说文和议论文的意义、分类和写法。本书虽创作于民国年间，但书中所体现出的一系列写作思想与理念，仍让我们受益颇深。

　　章衣萍先生深厚的文学底蕴和文字功底是本书最大亮点。章先生在讲义中所引用的例文均出自名家名作，从吴敬梓的《儒林外史》到鲁迅的《呐喊》，从苏轼的《念奴娇·赤壁怀古》到胡适的《杜威论思想》，古今中外，旁征博引。同时，章先生更将自己的创作体会巧妙地融于本书中，字里行间足见章先生对文字的热爱和对创作的热情。

阅读推广建议：

　　本书可与"民国大师教作文"系列丛书的其他作品一起，组织专题推荐与专架展示。

　　阅读年龄：16—18 岁

菌儿自传

作　　者：高士其　著
出 版 社：湖南科学技术出版社
出版时间：2010 年 6 月
　ISBN：978-7-5357-6217-7

图书导赏：

《菌儿自传》是一部以自述的方式展开叙述的科普童话。主人公是形形色色、千奇百怪细菌中的一员，它身躯细小，无孔不入，时而为生计问题而四处流浪，时而在呼吸道里探险，时而在肺巷里开展战役，带领读者走进平日里不可能接触到的微妙的世界……

在菌儿唠唠叨叨的自我讲述中，我们了解到细菌们的历史、生活、生计，还了解到它们与自然、人类的关系。跟随"菌儿"在经历无数的探险之后，读者知道细菌的存在带来了生态平衡，也使疾病得以流行，同时了解到细胞不死、生命起源的秘密，懂得爱惜自己的生命，学会预防疾病。整本书读来让人们大开眼界！

作者高士其老先生本人一直强调科学文艺作品应当具有文艺性。他认为，帮助读者从阅读乐趣中获得知识，正是科学文艺作品的魅力之所在。《菌儿自传》一书秉持高士其先生创作科学文艺作品的基本态度，运用活泼生动的形式、妙趣横生的比喻、幽默诙谐的语言，让读者在奇妙的文字中完成了科学旅行，让读者在感受到了细菌世界风采的同时，对科学产生浓厚兴趣。

阅读推广建议：

本书作为国内科普图书的经典作品，可以专架展示或专题推荐。

阅读年龄： 9—12 岁

肚子里有个火车站

作　　者：（德）鲁斯曼·安娜　文/图、（德）舒尔
茨·史蒂芬　图；张振　译
出 版 社：北京科学技术出版社
出版时间：2009 年 5 月
ISBN：978-7-5304-4119-0

图书导赏：

《肚子里有个火车站》是一本趣味十足的科普图画书，它与鲁斯曼·安娜的另一部科普图画书作品《牙齿大街的新鲜事》并称为姊妹篇。在这部作品中，作者富有创意地将人体的消化系统比喻为一座隐藏在人肚子里的火车站，同时安排了一群绿色的小精灵来完成消化过程中的各项任务。

书中的小主人公是幼儿园的小朋友茉莉娅，因为太饿，她将美味的食物一口气全部塞进肚子，吃得又多又快。整块、整块的食物掉入肚子里的火车站。堆积成山的大块食物需要小精灵花费很多的时间和气力将其弄碎并清理干净，不断落下的食物块则将工作中的小精灵砸晕。最后，在突如其来的冰淇淋风暴中小精灵们纷纷罢工，举行抗议，而茉莉娅也很快感受到火车站陷入困境带来的痛苦。

消化系统真实存在着，却又看不见、摸不着。《肚子里有个火车站》通过巧妙的构思，将消化系统和消化过程拟人化，用别具风格的画面演绎着一幕又一幕有趣的故事。小读者可以跟随小精灵畅游在肠胃之间，对自己的消化系统和健康的饮食习惯有一个直观、正确的认识。

阅读推广建议：

图书馆可用此书开展故事会等集体阅读活动，也可用于科普图画书专架展示和专题推荐。

阅读年龄：4—8 岁

美国国家地理 ·13 颗行星：太阳系的新秩序

作　　者：（美）戴维·A.阿吉拉　著；

　　　　　徐怡冬　译

出 版 社：安徽少年儿童出版社

出版时间：2012 年 8 月

ISBN：978-7-5397-6161-9

图书导赏：

　　哈佛大学史密松研究所天体物理中心科学信息处的主任戴维.A.阿吉拉既是天文学研究专家，同时也是著名的太空插画家，其太空画作曾在美国各地的美术馆展出。小行星"1990 DA"便是以他的名字命名的。由他撰写并绘制的科普图画书《13 颗行星：太阳系的新秩序》将太阳系的最新知识以图文并茂的方式呈现给读者。

　　本书详细介绍了 13 颗行星的相关知识：与太阳的距离、行星名称的由来、行星的卫星及行星的其他特点；讨论了太阳系的终结以及系内各大行星的未来发展等宇宙问题。全书文字深入浅出、生动有趣，科学数据权威严谨，图片栩栩如生，将辽阔神秘的太空景象和恢弘壮观的宇宙场景呈现在读者眼前。

　　本书为"美国国家地理：认识我们的宇宙系列"中的一册，该套系列另两册著作为《恒星真奇妙》和《认识我们的宇宙：行星、恒星、星系》。整套丛书囊括了太阳系行星的最新发现成果，将神秘灿烂的宇宙的真实信息带给每个执迷于太空世界的梦想家。

阅读推广建议：

　　本书可作为天文学最新研究成果，可做专架推荐，可参考本书知识组织青少年天文学研讨会。

　　阅读年龄：4—15 岁

法布尔植物记

作　　者：（法）法布尔　著；（韩）秋艺兰　编；
　　　　　（韩）李济湖　绘；邢青青，洪梅　译
出 版 社：北京联合出版公司
出版时间：2012 年 11 月
ISBN：978-7-5502-1009-7

图书导赏：

　　昆虫学家法布尔不仅擅长研究昆虫，对植物学研究也颇有兴趣和心得。本书由韩国作家秋艺兰依据法布尔所著的《植物记》改编而成，配以画家李济湖的 300 余幅手绘作品，深入浅出又饶有趣味地将法布尔多年研究植物的成果和心得呈现出来。

　　本书从植物与动物的关系讲起，随后论及植物的胚芽、年轮、子叶、树皮、树干、根茎、叶子、花、种子和果实，系统全面、图文并茂地呈现植物相关概念和知识，可谓一本植物学的入门百科全书。在编者看来，法布尔是将植物当作文学或哲学来对待，读者不仅能从中感知植物世界的丰富多彩，同时也能了解动物植物之间相互依存相互帮助的关系，进而明了包括人在内的整个自然世界的发展变化和存在意义。

　　编者在编制这部作品时颇费心力，保留了法布尔行文中温和亲切的口吻，同时将原著中比较晦涩的内容表达得浅显易懂。精美逼真的插图既承担了图解的作用，又为本书赋予浓郁的艺术气息。结尾部分详细提供了法布尔的生平，同时对全书术语做了索引，使本书成为小读者步入植物学世界的首选参考工具书。

阅读推广建议：

本书可以用于植物学入门书籍专架推荐。

阅读年龄：7—15 岁

月亮与苹果的法则

作　　者：（日）福江纯　著；
　　　　　（日）北原菜里子　绘；肖潇　译
出 版 社：北京科学技术出版社
出版时间：2012 年 5 月
　ISBN：978-7-5304-5675-0

图书导赏：

爱因斯坦的相对论举世闻名，却因晦涩难懂让人们觉得遥不可及。那么初入物理学世界的小学生该如何理解大学时代才正式接触的理论和概念呢？"写给小学生看的相对论"系列丛书开启了让小学生初窥高级物理学的窗口。作品通过两个五年级小学生与老师的对话，将相对论这个抽象晦涩的科学概念及相关知识巧妙地呈现在读者面前。整个系列丛书包含《月亮与苹果的法则》《变慢的时间》《黑洞谜团》《爱因斯坦的梦想》4 册书，4 册书循序渐进，内容相辅相成。

作者避开了专业知识的灌输，从小学生的角色和理解程度出发，用有趣的问题，激发小读者探究物理学现象的兴趣。在《月亮与苹果的法则》一书中，作者首先引导小读者思考"月亮为什么不会掉下来"，随后通过对话和讨论将离心力和重力的平衡关系解释清楚。在两个小学生向老师探讨和请教的过程中，速度与加速度的概念、摩擦的作用、力对运动的改变、伽利略的相对性原则等等理论被逐一呈现，直至爱因斯坦的狭义相对论。

有趣的文字、活泼的插图、巧妙的引导、深入浅出的解析，让整部作品既有阅读的趣味，又有系统的知识体系，同时让孩子们在探索知识过程中明白，应该像爱因斯坦一样，从小善于观察、热爱思考。

阅读推广建议：

建议可由小学生们组成阅读小组进行自主阅读，或阅读后进行集体讨论；也可以作为专架推荐图书。

阅读年龄：9—12 岁

壶中的故事

作　　者：（日）安野雅一郎 著；
　　　　　（日）安野光雅 绘；艾茗 译
出 版 社：中国城市出版社
出版时间：2011 年 5 月
ISBN：978-7-5074-2455-3

　　《壶中的故事》选自日本图画书名家安野光雅创作的"美丽的数学"系列，该系列其余绘本还有《十个人快乐大搬家》《帽子戏法》《奇妙的种子》和《三只小猪》。安野光雅是国际知名的绘本大师，自 1968 年出版绘本《不可思议的画》以来，他已创作了 70 多部作品，几乎荣膺了世界上所有重要的儿童文学奖项。

　　"美丽的数学"系列绘本用细腻的画风和巧妙的布局，深入浅出地向读者介绍了数数、加减法、概率、排列组合等数学基本原理。他以"精准的观察力、缜密的逻辑思考和无限的想象空间"将艺术与科学融合，以巧妙的设计和画面引导让孩子们认识到数学的原理和概念可以有其独特的诗意、童趣和美丽。

　　《壶中的故事》用唯美的图画和诗化的语言巧妙展现了数学阶乘法的概念和神奇。故事从一个美轮美奂的青花壶开端。读者开启壶盖，进入水的世界。然后从 1 个岛开始，1 个岛里有两个国家，每个国家里有 3 座山，每座山里有 4 个妖怪……最后数量递增到了 3 628 800 个壶。作品巧妙地用图画传递从 1 到 3 628 800 的数量变化过程，让孩子们直观感受到数学的神奇与趣味。

　　这部作品是安野光雅和他的儿子合作完成的，父子之间的情感和默契让作品的文字与图画自然呼应、彼此契合。

　　本系列绘本可作为数学绘本专题推荐或专架展示，也可参考本书组织数学游戏活动。

　　阅读年龄：7—12 岁

千万个明天

作　　者：殷健灵 著
出 版 社：新蕾出版社
出版时间：2012 年 7 月
　　ISBN：978-7-5307-5480-1

图书导赏：

13 岁的少女海瑟薇与父母去海边度假，爸爸不幸被突如其来的浪潮卷走。爸爸失踪后，在友情与亲情的陪伴下，海瑟薇勇敢地接受了爸爸不在的事实，努力学习并照顾生病的妈妈，不断成长，学会用坚强迎接明天的到来。

故事以夏、秋、冬、春四个季节作为每个章节的开始，作者用四季变迁传递出海瑟薇心路历程的些微变化。海瑟薇仿佛在一年的时光里经历了生命的夏、秋、冬、春。在这个过程中，她学会直面人生的打击，含泪收拾起记忆的碎片，用坚硬的壳包裹自己的心，陪伴妈妈走过人生的秋天和冬天。当又一个夏天到来时，她们一起走出阴霾，在感受到了阳光的暖意时，内心也如破茧而出的蝴蝶，飞向带有希望的明天。作为中国第五代儿童文学作家代表人物之一，殷健灵以女性特有的观察力、想象力，敏锐细腻以及清新雅致的文字，诉说少年儿童成长过程中的种种烦恼与不安，探析儿童隐秘曲折的心理世界。本书是殷健灵"温暖"系列丛书中的一册，清晰的脉络情节、诗化的文字风格以及清新唯美的插图使作品的基调从忧伤渐入温暖，表达了坚强与勇气的内涵及对生命的格外珍惜，是一部值得细细品味的成长小说。

阅读推广建议：

本书适宜图书馆用于励志专架展示以及成长专题推荐图书使用，同时可以开展以读本为内容的文学欣赏活动，引导孩子们一起诵读。

阅读年龄：7—15 岁

狼群中的朱莉

作　　者：（美）珍·克雷赫德·乔治 著；
　　　　　吴飞 译

出 版 社：中国城市出版社

出版时间：2012 年 6 月

ISBN：978-7-5074-2408-9

图书导赏：

　　人与自然的关系是文学作品探索的永恒主题之一。小说讲述了一个 13 岁小女孩在荒野上历险成长的故事。主人公朱莉母亲早亡，父亲失踪多年。在离家出走途中，她迷失在阿拉斯加阿莫尔的茫茫荒野里，这是一片漫无边际的冻土地带。在一次次的生存考验中，她逐渐被一个北极狼群接纳，成为狼群家族的一员。狼群的帮助和父亲曾经传授的生存技能使她得以存活。不幸的是，群狼之首阿莫卡被人枪杀，开枪之人正是朱莉的父亲。惊愕与悲痛的朱莉毅然决定离家重返自然，走入爱斯基摩人素朴宁静的生活，去寻找自然世界的和谐与淡泊。小说构思独特，语言朴素，寓意深刻，能够让读者对自然、对爱斯基摩人文化及现代文明有更进一步的认识，培养孩子们珍惜自然和生命，使孩子们懂得人类的生存与自然紧密相连，感受人与动物之间的平等权利。

　　作者珍·克雷赫德·乔治成长于博物学家庭，父母都是昆虫学家。小说的创作源于乔治去阿拉斯加的旅行经历。在拜访研究狼群的科学家时，她看到一个男人走进一只狼的狼圈，轻轻咬了一下这只狼的鼻尖，狼坐在那个人面前，一狼一人低声交流。这一景象深深印在乔治的脑海中，她将阿拉斯加狼和人的故事写了下来，三易其稿后有了这部小说的问世。

阅读推广建议：

　　作为优秀的动物小说，图书馆可围绕生态或动物主题设立专架展示，作品涉及不少野外生存知识，可作为科普知识读物，让孩子们了解大自然，增强环境保护意识。

阅读年龄：7—15 岁

信箱里掉出一个小精怪

作　　者：彭懿 著；早稻 绘
出 版 社：接力出版社
出版时间：2013 年 1 月
　ISBN：978-7-5448-2851-2

图书导赏：

　　这是一部充满童话色彩和丰富想象力的幻想小说。你相信有这样一个世界吗？一个童年活了 899 岁，老年只活了 1 岁的魔法小精怪夏蛋蛋，把一粒玉米含在嘴里，就能产生神奇的咒语和魔法。当他从一个信箱世界掉到了人类世界，一段神奇的魔法世界之旅开始了。

　　幻想小说像一面镜子，既能照出孩子的自我，更是孩子演练内心冲突的舞台。一个个惊险奇特的冒险故事，将主人公夏蛋蛋古灵精怪而又活泼幽默的性格展现得淋漓尽致。在叙述视角上，故事以主人公夏蛋蛋为第一人称的口吻叙述，不时展开与作者的对话，既生动幽默又使整部作品充满互动性与愉悦感。

　　本书是作家彭懿创作的儿童温暖幻想小说"我是夏蛋蛋"系列中的一册，他始终将"好玩、好看、感人"的创作理念作为儿童文学的评价标准并实践其中。他曾经这样描述自己："一个命中注定的旅人，一个徘徊在人妖之间的幻想小说作家。"其实他不仅是一位卓有建树的儿童文学理论研究者，一位优秀的幻想小说作家，还是一位狂热的摄影师和翻译者。拥有多重身份的彭懿将自己新奇的想象和视界融入小说之中，激发小读者的思考。更重要的是，他能够以一种令人振奋、创新的方式，塑造和重建他们的世界，给予孩子们探索和创造的自由，全面表现和释放他们的想象力。

阅读推广建议：

　　本书适宜图书馆以读本为载体开展听说游戏和讲述活动，将倾听和对话的练习结合在一起，感受和理解作品的意境和情节，体验作品的文学魅力。

阅读年龄：7—10 岁

听见颜色的女孩

作　　者：（美）莎朗·德蕾珀　著；卢宁　译

出 版 社：接力出版社

出版时间：2012 年 8 月

ISBN：978-7-5448-2617-4

图书导赏：

海伦·凯勒曾说过，世界上最好和最美的东西是看不见也摸不到的，它们只能被心灵感受到。女孩儿美乐笛就是这样一个特别的女孩，她能听见所有五颜六色的话；从她懂事的一刻起，成千上万的词语包围着她，像精致娇嫩的雪花，像甜丝丝的礼物，融入她的内心。她说不了话，只能把这一切默默记在心里。一天，她收到了一份迟来的惊喜——一台辅助说话的机器，她终于可以表达爱、表达心底的愿望……她一切的想法、她的人生轨迹会因此改变吗？带给她的是惊喜还是挑战呢？

作家莎朗·德蕾珀是美国畅销书作家、教育家、美国最著名的演讲家之一，曾多次应邀到美国各地和其他国家发表演讲，曾 5 次获得科雷塔·斯科特·金奖，6 度赴白宫领奖，并曾获美国图书馆协会最佳青少年图书奖等十多项奖，深受广大读者欢迎。主人公美乐笛不是作者的女儿，甚至不是一个真实存在的孩子，她来自于作者纯粹的想象，而作品之所以生动感人，源自于作者抚养发展障碍儿童的亲身经历，以及她心底里的触动和感悟。

这是一个关于宽容、理解与接纳的成长故事，是一部少年心灵拓展小说。小说以主人公女孩儿美乐笛的口吻讲述，为读者展现了一个坚强、执着、聪明的人物形象，作品笔触细致入微，感情细腻真切，透过一个不被理解的孩子的视角和感觉，向我们传递出即便现实生活不完美，仍需要我们用积极向上的态度来选择和面对。

阅读推广建议：

本书适宜图书馆设立励志专架，也可以作为故事会的素材和讲座的内容。

阅读年龄：11—15 岁

爱上读书的妖怪

作　　者：（韩）李相培　著；

　　　　　（韩）白明植　绘；田志云　译

出 版 社：新蕾出版社

出版时间：2012 年 1 月

　ISBN：978-7-5307-5229-6

图书导赏：

　　阿根廷国家图书馆原馆长博尔赫斯曾经说过："如果有天堂，天堂应该是图书馆的模样。"一个破钱柜变成了柜子精，一把用得破烂不堪的扫帚变成了扫帚精，一个旧笔记本也变成了笔记本精，当这一切都成为现实的时候，一个奇妙的故事发生了。三个妖怪在书籍的陶冶下，逐渐不再轻佻。书让他们的内心变得宁静，让他们体会了阅读的重要性，寻找到生活的真谛。

　　作者在剧情的设计上颇具匠心，情节安排得合情合理，角色刻画得栩栩如生。每天抱着钱柜入睡的柜子精和曾经拼命敛财的扫帚精，在拜访学者、进入图书馆之后，最终爱上阅读，并把书籍变为无价之宝。作者通过有趣的故事、幽默的语言，让孩子们感知书的神奇魅力，在轻松愉快的阅读氛围中爱上书，爱上阅读。

　　本书是韩国家喻户晓的少儿读物，自出版以来再版数次，深受读者欢迎，曾获得韩国儿童文学会优秀创作图书奖等多个奖项。文字作者李相培是一个深谙儿童兴趣爱好的儿童文学作家，其作品多以妖怪为主人公，曾出版过《妖怪爸爸》《去上学的小鬼》等一系列妖怪童话集，多次获得韩国文学奖、韩国儿童文学奖、韩国童话文学奖等。

阅读推广建议：

　　本书适宜集体阅读，也适宜亲子讲读。图书馆可召开故事会，让孩子们分享阅读心得。

　　阅读年龄：7—10 岁

猫

作　　者： 台湾牛顿出版公司　编制
出 版 社： 贵州教育出版社
出版时间： 2010 年 4 月
ISBN： 978-7-5456-0083-4

图书导赏：

　　《小牛顿》是华语世界较有影响力的原创科普品牌，在台湾地区创刊 20 余年来，获得过多项大奖。《小牛顿科学馆》丛书精选自长达 240 期的杂志文章，全书 60 册，每册图书有一个固定主题。

　　本册《猫》是丛书的第 3 分册，内容结构延续了期刊的编写体例，编排上有统一的栏目设置：本期主题、科学小实验、科学漫画和小百科等。篇幅也有所侧重，主题部分篇幅较长，略占整本图书的二分之一，其他各栏目选取学科丰富的科普常识做简单介绍，整本书图文并茂，可谓深度、广度具兼。本书作者叙述故事使用第一人称，用娓娓道来的方式将喵咪的生活习惯、成长规律、身体构造，以及行为表现活灵活现地展现在读者眼前。"就像人类有饭后刷牙的好习惯一样，吃过东西我们也会清理一下……"，这样的句子读起来十分有趣，配上猫咪舔毛的插图，让读者感觉既亲切又生动。此外，书中配图画法细腻，猫咪身上的绒毛尤其逼真，写实的画风使得一只只小猫跃然纸上，更突显出了整本书的艺术水准。图书后半部分通过漫画、实验等形式分别介绍了纸杯的由来、高尔夫球的设计原理等日常小知识，让小读者在轻松的阅读中认识和感知生活中的科学。本书还设计了"果皮新风貌"栏目，这个互动栏目可以激发小读者的灵感，让孩子们学习动手制作果皮动物脸谱，提升孩子们的想象力和动手能力。

阅读推广建议：

　　本书适合亲子阅读，生活化的文字更适合讲给孩子听。图书后面部分的实验和动手栏目，可作为阅读延伸活动，组织集体 DIY 活动。

　　阅读年龄： 4—8 岁

一只有教养的狼

作　　者：（希腊）贝琪·布鲁姆　著；
　　　　　（法）帕斯卡·比尔特　绘；余治莹　译
出 版 社：二十一世纪出版社
出版时间：2008 年 11 月
　ISBN：978-7-5391-3842-8

图书导赏：

又累又饿的流浪汉大野狼在农场看到沉浸于阅读中的小猪、小鸭和小母牛，打算饱餐一顿的大野狼大吼大叫向农场的动物们扑去，却被淡定的动物们嘲弄他没有修养和礼貌。受到蔑视的大野狼为了成为有教养的动物，进入学校努力学习阅读和写字。他一次次来到农场表现自己的"教养"，一次次到图书馆和书店回炉提升自己的阅读素养和文学修养，终于学会了以儒雅谦逊自信的态度和优美的语言在农场的动物面前讲读好听的故事，成长为一个为全世界读者讲读故事的高手。

作品以夸张诙谐的手法展示了书籍和阅读的力量，一种赢得别人的尊重，让粗俗的人变得高贵优雅的力量。同时用大野狼刻苦学习的过程说明，成为有教养的读者需要全力以赴地刻苦投入，才能有真正的收获。

作为一本文图俱佳的图画书作品，大野狼及农场动物的形象设计生动有趣，动物们读书的各种表情也颇为有趣，钢笔线条与水彩画面的交替出现，更让画面节奏显得活泼生动。阅读带来的变化也被绘者巧妙地设计到前后环衬的比对中。前环衬画面阴霾，大野狼饥饿潦倒，人们表情冷漠生硬。后环衬色彩明亮，动物和人们表情愉悦，纷纷围坐大野狼身旁聆听故事。翻阅完毕本书，读者对画面的呼应和变化自然心领神会。

阅读推广建议：

可作为书籍、阅读以及图书馆主题的图画书推荐，也可作为大野狼主题的图画书推荐。

阅读年龄：4—8 岁

美好时光

作　　者：（美）罗伯特·麦克罗斯基　著 / 绘；

　　　　　崔维燕　译

出 版 社：二十一世纪出版社

出版时间：2012 年 7 月

ISBN：978-7-5391-5764-1

图书导赏：

　　一部讲述佩诺海湾小岛时光的图画书和散文诗，麦克罗斯基用精湛的水彩技法和娓娓道来的文字讲述小岛从春至夏的时光变迁，描述小岛的白天和黑夜，潮起和潮落，尤其以浓重的笔墨和篇幅描述暴风雨来去的过程，传递大自然超乎人们想象的力量，也以轻快的笔触描绘孩子们盛夏到小岛度假的美好时光。

　　小岛的自然之美既是静谧的，也是活泼生动、富有激情的。当孩童在岛上感受自然的神奇、人与自然的和谐以及造物力量之强大时，小岛时光带给人们的远胜于简单的嬉戏和玩耍。

　　这是一部 20 世纪 50 年代的图画书经典作品，历久弥新。作品充溢着自然主义的气息，也通过小岛居民的生活以及孩童在小岛上丰富的收获传递出浓浓的人文关怀。文图布局让作品显出独特的气质和格调。占篇幅一页半的图画似乎被置于一个白色横向的画框内，文字被精致地布置在左侧余下的半页白色页面中。每一次翻页，便在读者眼前呈现出一幅精美的艺术作品。图画书大师麦克罗斯基的图画书作品并不多，却本本经典。无论从文字、故事、图画还是装帧的维度来看，此书均值得收藏和反复品味。

阅读推广建议：

　　可作为自然主题的图画书作品推荐，也可作为麦克罗斯基的图画书作品专题推荐。

　　阅读年龄：4—12 岁

幽默探长波拉：百万欧元邮票

作　　者：（西）约尔迪·法布拉　著；
　　　　　顾佳韦　译
出 版 社：浙江少年儿童出版社
出版时间：2013 年 2 月
　ISBN：978-7-5342-7243-1

图书导赏：

　　百万富翁费利瓦尔多·蒙特斯·奥卡先生家中丢失了一枚价值百万欧元的邮票，保险公司的小侦探阿马德奥·波拉是一个普通的小人物，受命对这起离奇的案件展开调查。在案件的调查过程中，波拉先后考察了相关嫌疑人：邮票的所有者费利瓦尔多·奥卡先生、管家先生、费利瓦尔多的大女儿及其无能的丈夫、小女儿及其男友，以及百万富翁的名模女友。整个侦查过程既有戏剧化的情节变化，又有依据人物关系展开的逻辑推断。波拉是否能够找回邮票，作者为同一个故事设计了 5 个结局，并根据故事情节的发展引导读者选择阅读不同结局。开放式的结局拓宽了小读者思考问题的范畴和广度，也充分考验了作者设计情节的逻辑能力。

　　作为西班牙的爆笑侦探，波拉的故事诙谐有趣，其侦查过程常常陷入倒霉和尴尬的处境，配以小人物的心理描写和波拉的自嘲态度，让读者禁不住捧腹大笑。幽默风趣的漫画插图，提升了故事的幽默效果。书末设计的四格漫画，夸张又连贯地描述了波拉的倒霉结局。

　　儿童在阅读过程中需要谐趣、夸张的阅读材料，作为西班牙最受欢迎的儿童文学作家之一，约尔迪·法布拉深谙此道。他的创作风格也得到国际儿童文学奖项的认可，其先后于 2006 年和 2010 年获得安徒生奖提名。

阅读推广建议：

　　本书可作为幽默小说专题推荐，也可作为侦探小说专题推荐。

阅读年龄：7—12 岁

去小岛旅行

作　　者：（比利时）赛尔菲亚·范登·海德　著；
　　　　　（荷兰）郑宗琼　绘；张广睿　译
出 版 社：贵州人民出版社
出版时间：2011 年 10 月
ISBN：**978-7-2210-8898-7**

图书导赏：

聪慧哲思的兔子哈斯和忠厚质朴的狐狸福斯是一对好友，一起相约到小岛度假。他们感受了大海的神奇，享受了深邃美妙的星空，结识了售卖百货的海豹罗布，感受到离家的乡愁，最后度假结束回到温暖的家。故事简单但情节生动，语言简约但富有哲理，智慧娇柔却有些自私的兔子与宽厚包容却有些懒惰的狐狸在浪漫的小岛环境中经历了争执，也体验了友谊的修复。

本书选自"狐狸福斯和兔子哈斯"系列，该系列共包含 5 册书。5 册故事以轻松幽默的语言和节奏明快的对话将温暖美好的友谊和亲情带给读者。无论是主人公性格的塑造，故事情节的设计，还是简洁朴素幽默的语言风格，这个系列的作品都能引起孩子们的阅读兴趣。

著名插画家郑宗琼的插图让作品更显浪漫、有趣和生动。不同动物的形态、动作、表情以及背景图画的设计，显示了郑宗琼不凡的插图功力。

阅读推广建议：

本书可作为桥梁书系列向小学低龄段读者专题推荐。部分章节也可在图书馆集体故事会上讲读。

阅读年龄：4—10 岁

大林和小林

作　　者：张天翼　著
出 版 社：海豚出版社
出版时间：2013 年 5 月
　ISBN：978-7-5110-1293-7

图书导赏：

《大林和小林》是著名儿童文学作家张天翼先生的代表作，也是我国第一部长篇童话故事，自 1933 年首次出版以来多次再版，成为一部经久不衰的童话故事。

故事的主人公是一对叫作大林和小林的双胞胎兄弟，在经历了父母双亡后，两兄弟走出了家门，共同谋求生路。大林希望可以像富翁一样生活，因为"有钱人才快活"，小林却认为"一个人总得干活"。由于逃难过程中的意外走失，两兄弟的不同观念也带给了他们不同的人生。小林勤劳勇敢，为人正直，在经历了重重磨难后，终于在社会上找到了属于自己的位置和价值，成了一名幸福的火车司机。而小林的哥哥大林认了富翁做自己的养父，虽然获得了暂时的快乐，但却好吃懒做，一事无成，最终饿死在富翁岛的金子堆里。通过两兄弟的不同人生轨迹，使读者在阅读的过程中，慢慢去体会不同人生观背后的价值取向。通过童话故事的讲述，向小读者传递出究竟什么样的人生才是值得追求的人生这样一个值得思考的问题。

本书文字精炼，想象丰富，情节曲折，对儿童的想象力具有很好的启发作用。本书虽成书于新中国成立前，但现在看来仍是一本值得每个孩子仔细阅读与思考的经典作品。

阅读推广建议：

本书曾作为儿童读物，影响了中国的几代人，适合父母与孩子进行亲子阅读，学龄前儿童可作为睡前故事，小学生可作为课外读物，部分章节适合举办故事会或编成情景剧、音乐剧演出。

阅读年龄：4—10 岁

永远的合唱团

作　　者：张之路　著
出 版 社：中国少年儿童出版社
出版时间：2013 年 10 月
ISBN：978-7-5148-1314-2

图书导赏：

　　这是一部以六七十年代老北京为背景的儿童小说。故事的主人公是一名 8 岁的男孩儿宋吉祥，一直以来，红领巾都是他魂牵梦绕的向往。终于盼到了可以入队的年龄，然而他却在被选拔上合唱团回去的路上，因为打破小洋楼上的窗玻璃而错过了佩戴红领巾的机会。懊恼、失望与强烈渴望混合在一起，使红领巾成为宋吉祥一个可望而不可即的梦想。在合唱团的排练中，由于歌曲曲目的需要，尚未入队的宋吉祥却要戴上红领巾进行演唱，尴尬无比的他用好不容易攒来的钱买到了一条红领巾，却万万没有想到，为此却使自己陷入了更大的误会和麻烦之中……

　　作者通过细腻的笔触，真实地刻画了六七十年代北京的生活现状，讲述了半个世纪以前的故事。故事通篇文风清新，内容感人，使读者的情绪跟随着小主人公的各种遭遇而跌宕起伏。透过对儿童心理的真实刻画，将一个 8 岁少年的欢乐、忧愁、兴奋、失落等丰富的内心世界呈现出来。

　　《永远的合唱团》通过内心的共鸣沟通了半个世纪以来的数代人的情感，适合进行亲子阅读。

阅读推广建议：

本书适合进行亲子阅读，部分情节适合进行情景剧表演。

阅读年龄： 7—12 岁

《儿童文学》50年魅力诗汇：全2册

作　　者：臧克家等　著
出　版　社：中国少年儿童出版社
出版时间：2013年11月
　ISBN：978-7-5148-1350-0

图书导赏：

诗歌作为儿童文学中的一种重要文学体裁，一直以来都备受瞩目。在中国这片沃土上，孕育着一代又一代的儿童诗人，涌现出一批又一批优秀童诗。历经时代变迁，却依然熠熠生辉。

《"儿童文学"50年魅力诗汇》是为了纪念《儿童文学》创刊50周年而特别辑录与出版的诗歌荟萃，分为上、下两册，收录了50年来在《儿童文学》上发表的不同时期、不同风格的200位诗人的200首代表作品。

这些诗作中，既有饱含时代烙印的《两代红领巾》《全家学雷锋》，也有亲近自然、充满童趣的《救救鹦鹉》《飞吧，燕子》等优秀诗作。许多诗作历经半个世纪的涤荡，依旧宛若珍珠般闪闪发光。整部诗集与其说是儿童文学，不如说是中国半个世纪的历程再现。在这里，有理想追求，有心灵感悟，有道德情操，也有生活场景，如同一部中国发展史，以诗歌的形式呈现到小读者的面前。

诗汇题材广泛，不拘一格，语言精练，风格迥异，通过诗歌的阅读，有利于对儿童想象力和创造力的培养，使小读者在感受韵律美的同时，体会诗歌意境之美。

阅读推广建议：

本书适合学校或图书馆举办诗词朗诵比赛、培训、朗诵会等使用。

阅读年龄：7—15岁

兔子坡

作　　者：（美）罗伯特·罗素 著/绘；司南 译
出 版 社：晨光出版社
出版时间：2013 年 1 月
ISBN：978-7-5414-5199-7

图书导赏：

"有好时光，也有坏时光，但未来总是充满希望，年少雀跃的心总是向着阳光！"

《兔子坡》是美国儿童文学家罗伯特·罗素的代表作品之一。故事讲述了兔子坡上生活的各种动物与兔子坡到来的新主人之间的故事。在荒芜了好几年之后兔子坡终于迎来了它的新主人，各种动物对于新主人的到来充满了期待与好奇。因为搬来了新的主人，他们才有可能获得足够的食物，但是同时他们又对新到的家庭充满了担心与害怕。他会与动物们和平相处吗？会是一个善良的庄稼人吗？对于小动物们而言，这究竟是一段新生活的开始还是一段噩梦的开始呢？

作者罗素通过一个个生动活泼、个性鲜明的小动物形象的塑造，将人类身上所具有的各种特性倾注到他们身上，他们或者老成持重，或者热情善良，或者倚老卖老，或者机灵聪敏……每一只小动物的身上都保持着自然的形象，却又不尽相同。

本书获得纽伯瑞儿童文学金奖。全书故事情节紧凑，语言幽默，文字优美，同时，文中精细而写实的插画将个性鲜明的动物形象真实地展现到读者面前，加深了小读者在阅读过程中对故事情节的理解。主旨内容深刻隽永，通过小动物们的生动演绎，将"等待与希望"这样一个亘古不变的道理传递给读者。

阅读推广建议：

本书适合低幼年龄段的小朋友与父母亲子阅读，部分情节可以改编成情景剧、舞台剧。

阅读年龄：4—10 岁

爸爸的礼物

作　　者：张锦江，田荣俊　主编
出 版 社：上海远东出版社
出版时间：2013 年 10 月
　ISBN：978-7-5476-0773-2

图书导赏：

　　《爸爸的礼物》是由上海市儿童文学研究推广学会组稿编写的儿童文学作品集，收录了 2011 年度上海儿童文学最佳作家作品 13 篇（部），以及他们具有代表性的其他作品 24 篇。本合集中的所有作品均出自上海市儿童文学作家之手。获奖作者中，有大家耳熟能详的梅子涵、沈石溪、周锐，也有新近兴起的儿童创作新星陆梅、唐池子等。

　　这些获奖作品思想开阔，不拘一格，题材广泛，视角独到，寓意深刻。在故事内容的表述上，既有深厚的母子情，亦有人与动物间的珍贵友情……每一个故事的背后都蕴含着作者精深的语言文字功底和深厚诚挚的感情，宛若喷涌而出的泉源，带领读者跟随故事中的主人公不断体味世间百态，感受不一样的亲情和友情。

　　这些作品有利于儿童在阅读过程中开阔思维，丰富想象力。同时由于全部作品均来自于上海作家之笔，因此对于上海文化及语言的传播具有较好的保护与发展作用，是一本较为优秀的民族儿童文学精品。

阅读推广建议：

　　本书适合举办读书会、讨论会，也可推荐书中作家的其他作品给少年儿童阅读。

　　阅读年龄：7—15 岁

最大最大的世界

作　　者：（日）加古里子　著；烨伊　译
出 版 社：中信出版社
出版时间：2013 年 2 月
ISBN：978-7-5086-3768-6

图书导赏：

在这个世界上，什么是最大的呢？世界到底是由什么组成的呢？

《最大最大的世界》就是这样一本向小读者介绍世界如何组成的科普绘本。全书从儿童视角出发，从一个小朋友测量自己的身高开始，每翻一页，书中的世界就会随之变大 100 倍，直到放大至整个浩渺无垠的宇宙。为了更好地使小读者了解数字的变化与大小的不同，文中还特意对数字的概念进行了简单描述，通过厘米、米、千米、万千米等数值的变化，由小及大逐渐延展开去。从人类到行星、星系、宇宙，从具体实物到抽象空间，带领小朋友从脚下出发，穿越到一个又一个越来越大、越来越宽广的世界。

作者加古里子本身就是一名科技领域的工作者，他一直希望自己能用趣味盎然的绘本形式深入浅出地讲解枯燥难懂的科学谜题，使严肃的科学读本也可以做到知识性和趣味性并重，让孩子们在快乐的阅读中学习。他善于从孩子们身边一点一滴的小现象、小变化出发，将客观世界中存在的现象通过简单亲切、富有想象力的绘画形式展现出来，将深奥的科学知识变得更加简单视觉化，使孩子们能够在其绘本的引导下，开启科学思维，用心探索未知的大世界，从"走近"科学到"走进"科学。

阅读推广建议：

这是一本贴合儿童阅读习惯的科普绘本，适合图书馆作为科普绘本专架、科普活动或故事会使用。

阅读年龄： 4—12 岁

熊猫博士小豆豆

作　　者：（日）黑柳彻子，岩合光昭　著；
　　　　　贺小桃　译
出 版 社：南海出版公司
出版时间：2013 年 10 月
　ISBN：978-7-5442-6743-4

图书导赏：

　　这是一本充满浓浓爱意的儿童文学读物。《熊猫博士小豆豆》是《窗边的小豆豆》作者黑柳彻子与动物摄影师岩合光昭合著的短篇集。翻开扉页，即是一组萌态可掬的熊猫照片彩页，熊猫幼仔大头照、慵懒的睡姿照、黑眼窝深垂的大熊猫、想心事的大熊猫……

　　故事从主人公"我"对大熊猫的回忆缓缓拉开，字里行间，处处弥漫着"我"对大熊猫的痴迷与喜爱，从遥远的期望到第一次的相遇，大熊猫已经成为"我"生活中一个密不可分的重要角色。随着故事的不断推进，作者用一个个与大熊猫有关的生动趣事，将大熊猫饲养与保护的相关知识娓娓道来，让读者了解到大熊猫的生活习性和喜怒哀乐。为了更好地向小读者传递大熊猫的准确信息，作者还专门设置了"大熊猫照相馆"一章，通过镜头记录下的世界各地大熊猫的生活日记向读者展示出大熊猫的千姿百态。

　　整本图书行文流畅，文图搭配合理，通过主人公眼中所映射出的一个个大熊猫，使读者宛若置身于主人公身边，与她一同去体会世界各地的大熊猫，感受大熊猫的喜怒哀乐。同时通过故事的推进，使读者不断加深对大熊猫的了解。

阅读推广建议：

　　该书内容丰富，语言幽默，是一本难得的优秀的儿童文学读物，适合于图书馆进行动物图书专架展示，或推荐使用。

阅读年龄：7—10 岁

自然的魔法

作　　者：（英）理查德·道金斯　著；
　　　　　（英）戴夫·麦基恩　插图；李泳　译
出 版 社：湖南科学技术出版社
出版时间：2013 年 6 月
ISBN：978-7-5357-7638-9

图书导赏：

世界上真的有魔法吗？世界上为什么会有那么多种动物？为什么有坏事情发生？奇迹是什么？……一个个疑问犹如一团团迷雾，在我们生存的世界中存在，并且每天不断地被演绎着。而作为世界存在一员的我们，应该如何去看待这一切的谜团？又该如何去破解这一个个谜题呢？

本书的作者是英国著名的生物进化学家理查德·道金斯，他热爱生活，热爱自然，对世界时刻抱有好奇和探索的态度，去研究和探索宇宙万物。在《自然的魔法》一书中，作者通过翔实的实验、丰富的插图以及清晰的科学解释来阐释纷繁复杂的自然想象。为了使读者在阅读之时，减少对相关领域知识的陌生感，作者特意在每一个章节开篇，或者以神话故事，或者以历史上曾发生的事件开始，通过层层递进的方式，将其中所蕴含的深奥道理，由浅入深，由近及远，由小及大，缓缓道来。使读者即使面对深奥的科学原理的时候，依然不会感到枯涩无味，遥不可及。通过从虚构的神秘开始，逐步进入到科学阐释，以此来不断将一个个"自然的魔法"娓娓道来。

本书行文流畅，插图色彩艳丽，形象逼真，通过图片、绘画、电脑构图等多种手法，将书中所欲传递的知识加以形象化。是一本非常适合青少年阅读的优秀科普读本。

阅读推广建议：

本书思维开阔，视角独到，阐述清晰，适合于青少年读者阅读参考使用。建议图书馆用于科普专架展示或作为科普读物推荐使用。

阅读年龄：16—18 岁

红红的柿子树

作　　者：苏梅 著

出 版 社：现代出版社

出版时间：2013 年 6 月

ISBN：978-7-5143-1510-3

图书导赏：

　　苏梅作为一名优秀的儿童文学创作者，长期从事儿童童话创作，她的作品语言精练，文风清新，贴近生活，深受小读者的喜爱。本篇《红红的柿子树》是一部短篇童话合集，书中汇集了 19 个温馨的童话故事。这些故事中，有憨态可掬，渴望友情的小猪阿罗；有期望美丽，却又心存侥幸的黑乌鸦；有互相扶持，不离不弃的孤独树与笨笨鸟……这些小动物的身上，被作者赋予了热情、善良、团结、诚实等可贵品质，清新自然的文风加上丰富多彩的想象，使整部作品处处洋溢着童趣的温馨与浪漫，伴随着阅读，这些可贵的品质必将随着小动物们一道走进孩子的内心，教会他们用心去感受生活中的真善美，积极乐观地去面对困难，并最终成为他们生命中密不可分的一部分。

　　正如洪汛涛先生所言，"童话，是一只快乐的鸟。它永远在孩子们中间飞，飞到谁的身边，谁就能得到快乐"。苏梅的这部短篇童话集娓娓道来的是关于友谊、亲情、自然、承诺的故事，深深地吸引和感染着每个人。

　　本书为拼音读本，配以插图彩绘，适合年龄较小的孩子与父母进行亲子共读，或是低年级儿童自主阅读。

阅读推广建议：

　　本书可以通过故事会的形式进行欣赏，或是通过情景表演、短小舞台剧等方式组织孩子进行表演。

　　阅读年龄：4—8 岁

爸爸的田野

作　　者：徐鲁　著

出 版 社：同心出版社

出版时间：2013 年 6 月

ISBN：**978-7-5477-0807-1**

图书导赏：

　　童诗、散文、儿童故事作为中国儿童文学的最主要的三种体裁，一直受到小读者的喜爱，难得的是，我们可以在徐鲁的这本《爸爸的田野》中同时遇见这三种文学体裁。徐鲁的作品，以深奥的寓意，典雅温润的文风见长，他的童诗文字清丽，语言纯净；散文题材广泛，情感深厚；故事内容积极向上，温暖励志，使每一个读者在阅读的过程中都可以感受到真善美带给人的无穷力量。

　　本书分为三个部分，分别为"童诗小花园""散文小溪流"和"故事小树林"。收录了《老船长之歌》《小鹿吃过的萩花》《爸爸的田野》《彼得堡，一个冬天的童话》等著名篇目。这些作品贴近儿童生活，符合儿童心理，透过这些文学作品，使无数的孩子在阅读的过程中受到潜移默化的影响。文学评论家束沛德说："读徐鲁的作品，可以强烈地感受到他那抒情诗人的气质，那理想主义的浪漫情怀，那善良、质朴而又多少有点忧郁的性格，还有那渗透在字里行间的书卷气息。"本书作为徐鲁作品的合集，将其颇具代表性的作品一揽入内，具有很高的可读性。

阅读推广建议：

　　本书含有诗歌、散文、儿童故事多种文学体裁，适合于图书馆用作朗诵活动、故事会选读使用。同时，也可作为学校课外读物、亲子共读使用。

阅读年龄：4—10 岁

阁楼里的秘密

作　　者：（美）辛西娅·沃伊特　著；
　　　　　麦倩宜　译
出 版 社：晨光出版社
出版时间：2013 年 1 月
ISBN：978-7-5414-5417-2

图书导赏：

一个尘封了十余年的阁楼，一个没有父母的女孩儿，一个古怪得让人畏惧的男人，一个因偷盗而入狱的女管家，一个温和慈祥的姨母……这一切构成了一团团解不开的谜团，如同迷雾般时时围绕在主人公琼的身边。

《阁楼里的秘密》是一部引人入胜的推理小说，讲述了一个秘密阁楼里发生的关于爱与成长的故事。小主人公琼从小和姨母生活在一起，被教育的至理名言便是："凡事都要好好地想一想"。这一年的暑假，12 岁的她来到了一个陌生的村庄，这里有被郁郁葱葱的树木包围着的古宅，有 12 箱神秘的家族文件，有冷酷古怪的蒂尔先生，风度翩翩的卡兰德先生和聪明机智的麦克，他们每一个人都带给了琼不一样的人生体验，为她提出了一个又一个等待她去破解的谜题，更教给她如何去认清一个人的本质。拨开层层迷雾，当谜底的答案终于大白于天下的时候，也是琼自己的身世揭秘之时。

本书行文流畅，故事情节悬念丛生，环环相扣，高潮迭起。伴随着故事的不断推进，小读者在阅读过程中，同主人公一道，共同感受到来自亲情的包容与信任的可贵。

阅读推广建议：

本书为推理小说佳作，可选择经典段落，采取角色扮演的方式组织舞台表演，或用作推理小说主题专架推荐使用。

阅读年龄：9—15 岁

童年河

作　　者：赵丽宏　著

出 版 社：福建少年儿童出版社

出版时间：2013 年 10 月

ISBN：978-7-5395-4789-3

图书导赏：

　　《童年河》是赵丽宏先生创作的第一部儿童成长小说。正如书名所传达给我们的：每个人的童年都有如一条小河，它承载着你所有美好的回忆，缓缓向前，岁月的浪花不时拍击着两岸的岩石，而我们也在河水的流逝中渐渐成长。

　　本书主人公雪弟是个从小在乡村长大的孩子，在来到大城市与父母团聚之前，他与亲婆在乡间过着无忧无虑、舒适惬意的生活。城市的繁忙与乡村的宁静在雪弟心中形成了巨大的反差，他开始用画笔描绘心中永远思念的那片热土，慢慢通过画中的景象与陌生的环境进行交流，让自己尽快融入城市生活之中。熟悉又陌生的阿爹、姆妈，弄堂里的小玩伴、班上的女同学，雪弟用他的善良去化解喧闹都市的一切不和谐音符。无论是家乡的小河还是校门口的苏州河，它们永远承载着欢乐与忧伤，陪伴着雪弟成长。

　　作者赵丽宏以写作散文与诗歌著称，作为他写作生涯中的第一部小说，全篇文字清新、自然，情节缓缓铺开，引人入胜。在阅读过程中，小主人公的喜怒哀乐给我们带来了丰富的情感体验，同时也让我们感悟到无论环境如何变幻，不变的是亲情、友谊，以及我们对于美好生活的向往。

阅读推广建议：

　　本书文字优美、情绪感人，图书馆可将本书作为朗诵推荐读本，用于组织专题朗诵会，或开展中小学生课外朗诵活动。

　　阅读年龄：7—12 岁

故宫三字经

作　　者：赵广超、吴靖雯　著
出 版 社：广西师范大学出版社
出版时间：2013 年 1 月
　　ISBN：978-7-5495-3010-6

图书导赏：

气势恢宏的故宫是明、清两代 24 个帝王的皇宫，也是当今世界上现存规模最大、建筑最雄伟、保存最完整的皇家建筑群，内藏大量珍贵文物和文玩典籍。目前，关于北京故宫的各类著作汗牛充栋，在这些卷帙浩繁的典籍和文献中，《故宫三字经》一书可谓耳目一新、别出心裁。它借用宋代脍炙人口的儿童启蒙读本《三字经》的文体形式，讲述了紫禁城的"六百年，人和事"。

本书设计风格迥异，运用了皇家建筑御用的颜色，黄色的书脊，红色的封面、宛若皇宫般的颜色搭配，封底则与皇城的宫墙更为相近。在内容的编排上，全书分为三个部分展开："这故宫　看得见""这故宫　皆概念"和"既深奥　又玄学"。通过对宫殿的布局、院落组合、空间设计、陈设装饰、色彩运用等方面解说"前朝"与"后宫"，细数皇帝后妃、子女的寝宫及宫中文娱的宫殿楼宇。通过层层巍峨的宫殿中所蕴含的风水、五行、阴阳等方面来叙说这宏伟建筑背后"看不见"的君权、礼制、伦理思想。通过对故宫里的一廊一柱、一钉一铆、一图一像与《周易》卦象上的对解，说明紫禁城的设计蕴含着博大精深的中国古代传统的风水要旨和礼仪规范。

全书在语体形式上运用"三字经"来解说，三字为一句短小精悍又朗朗上口，方便儿童阅读和理解。全书还配以简单有趣的图画解说故宫，图文结合，妙趣横生，是一部内容涵盖广阔、讲解深入浅出、绘制独特精美的文化精品读物。

阅读推广建议：

本书是一部优秀的儿童历史文化读本，通过朗朗上口的语言和漫画式的图画，使整部作品浑然天成。适合图书馆用于低幼故事专架、低幼朗诵会、图书推荐使用。

阅读年龄：4—8 岁

贪吃小狐狸玩转寿司宴

作　　者：（韩）郑明淑　著；（韩）鞠雪熙　绘；
　　　　　王艳　译

出 版 社：湖南少年儿童出版社

出版时间：2013 年 9 月

ISBN：978-7-5358-9403-8

图书导赏：

　　寿司是日本一种独具特色的美味佳肴，看起来制作工艺简单，但是作为一道传统小吃，在日本饮食文化中却有着极为重要的作用。

　　在《贪吃小狐狸玩转寿司宴》这部绘本中，馋嘴的小狐狸来到了宾客盈门的池菊寿司店去寻找美味。为了求得菊池老爷爷给他几个好吃的寿司，他热心地帮忙寻找最甘甜凉爽的山泉来煮米饭；他不辞辛苦去采摘山葵来制作芥末粉；夜深人静的时候他和爷爷去捕捉、烤制肥美的鳗鱼……辛勤的劳动终于换来了美味的嘉奖，美味的寿司让他流连忘返。同时小狐狸也对寿司的制作工艺有了深入了解。一道完美的寿司，在制作的过程中，不仅对手劲的力道和捏饭团的动作有要求，就连手心的温度都有特别的要求。

　　除此之外，书中穿插的日本文化风情同样令人着迷，热闹的男孩女孩节、绚烂的烟花盛会、古老的祭祀庆祝仪式……一个个文化的盛典如同一道道特别的风景线，使小读者在阅读的同时，感受到异国文化风情。图书的末尾还附加了寿司的制作方法、日本周边国家游等内容，使小读者在阅读本书后，便会迫不及待地想要开启新的旅程。

　　《贪吃小狐狸玩转寿司宴》是"从小爱旅游"系列图书中的一册，该套图书是一套优秀的世界风俗地理绘本，通过图画与文字的相得益彰，使读者在阅读之余可以领略到世界各地的风景与美食，感受不一样的民族文化。

阅读推广建议：

　　本书可以较好地向儿童传递世界各国的民族风情，是一本较好的世界风俗地理绘本，适用于图书馆作为旅游、地理、民俗等专架进行展示，或进行图书推荐。

阅读年龄：7—10 岁

意大利寻宝记1

作　　者：小熊工作室　著；
　　　　　（韩）姜境孝　绘；张卡　译
出 版 社：二十一世纪出版社
出版时间：2013 年 8 月
　 ISBN：978-7-5391-8703-7

图书导赏：

这是一本以世界历史为主题的知识型漫画图书，书中以国家为单位，通过两位机智勇敢的夺宝少年——布卡和麦克的惊心动魄、多姿多彩的环球寻宝探险之旅，不断领略世界各国的名胜古迹、风土人情和历史人文。

这一次，两位小主人公来到了曾在文艺复兴运动中煊赫一时的文化艺术之国——意大利。他们组成了卓越超群的"实力派"二人组，应邀来到罗马参加"世界历史猜谜大赛"。面对接踵而至的挑战者，他们通过强大的实力过关斩将。正当他们沉浸在获胜的喜悦中时，即将收入囊中的奖品却不翼而飞了。为了重拾珍宝，他们再一次踏上了艰难的寻宝之旅……缜密的推断、不言放弃的决心和互相鼓励的友情促使他们穿梭于意大利历史悠久的文化古迹中追寻目标。历经千辛万苦，他们终于找到了珍贵的凯撒历，又一次完美地找到了宝物。

本书是《我的第一本科学漫画书·寻宝记系列》丛书中的一部，该套图书共计 28 册，足迹遍布伊拉克、法国、印度、埃及……整部漫画情节跌宕起伏，悬念丛生；人物形象夸张生动，跃然纸上；妙语连珠，诙谐幽默，是一部难得的人文历史漫画系列丛书。

阅读推广建议：

本书是一本难得的优秀儿童人文历史读本，适合于图书馆用于图书推荐，也可以组织相应的读书交流会。

阅读年龄：7—10 岁

驾驶机器人游世界

作　　者：（日）松冈达英　文/图；宗文玉　译
出 版 社：河北教育出版社
出版时间：2013 年 4 月
ISBN：978-7-5545-0025-5

图书导赏：

　　松冈达英是日本著名的自然画家。他心系自然，热爱旅行，在几十年的生活中不知疲倦地探访瑰丽奇美的大自然和历史悠久的文化名城。奇妙多姿的旅行见闻给他带来了源源不断的创作灵感，他用画笔为孩子们描画了一本本丰富多彩、趣味十足的自然科学绘本。《驾驶机器人游世界》就是这样一部引人入胜的优秀作品。

　　开篇，当夜幕降临的时候，小男孩和小女孩精心设计、费心制作的机器人即将打破黑夜的平静，开启一段大开眼界的冒险之旅。带着对未知自然的好奇，他们深入神秘诡异的深海，穿梭于稀奇古怪、多种多样的海洋生物中间；他们来到人迹罕至的北冰洋，在白雪皑皑的冰川世界与北极熊为伴；忽而又现身于生机盎然、阳光灿烂的阿拉斯加高地，惬意地栖息于鸟语花香之中；在神秘而充满原始生命力的亚马孙森林里，各种珍禽猛兽更使他们瞠目结舌、眼花缭乱……两个小主人公的足迹遍及世界各地，他们甚至还飞到了寻常无法触及的外太空，去感受宇宙的浩渺和奇妙。

　　松冈达英在一草一木、一鸟一兽的细节描绘中费尽心思，其精细入微的勾勒和涂抹令人拍手叫绝。在构思上也颇下功夫，通过分格小漫画配以跨页大幅画的组合方式来铺陈故事，而对话框中两个人物的简单对话也起到了推动情节发展的作用。这本充满童真童趣的自然绘本还在卷尾附录了名词索引，书中出现的动物都标注了名字，方便实用。阅读这部作品，仿佛置身于惊险无限、乐趣丛生的环球之旅中，令人遐想连连。

阅读推广建议：

　　这是一部优秀的开启儿童思维的科普绘本，适合于图书馆用来进行科普知识宣传、科普读本专架或科普故事会等活动使用。

阅读年龄：4—8 岁

有趣的金融：货币转转转

作　　者：（英）赫尔　著；蒋春艳　译
出 版 社：科学普及出版社
出版时间：2013 年 5 月
　ISBN：978-7-1100-8221-8

图书导赏：

　　该书是一本介绍货币与金融知识的科普读物。该书从"钱的故事""你口袋里有什么？""什么是经济学？"及"开始学习做生意"4 个板块深入浅出地讲解了货币的历史、作用以及理财等金融知识。通过对货币知识以及各阶段代表人物的介绍，将金融的概念缓缓灌入读者的脑海中。

　　全书图文并茂，简单易读，同时作者独具匠心地将多种表述方式运用于金融概念的解释中，深入浅出，通俗易懂。同时，为配合相应的概念阐述，书中多处还设计了情景环节，通过小故事的方式，介绍了货币的产生与用途，货币使用过程中的注意事项以及货币在现实生活及经济发展中所起到的作用等。

　　本书从属于"有趣的科学"系列，该套图书是一部优秀的科普类图书，作为新闻出版总署向青少年推荐的百种优秀图书之一，是科技部推荐的全国优秀的科普作品。该书曾荣获中国童书金奖，受到广大少年儿童及家长的青睐。

阅读推广建议：

　　本书作为优秀的科普读本，可与同类型的金融类科普读本一起开设专架展示。图书馆也可组织科普知识问答等活动。

阅读年龄： 9—15 岁

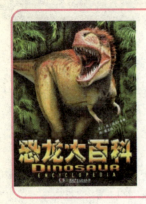

恐龙大百科

作　　者：（英）本顿　著；戴美玲　译
出 版 社：湖南少年儿童出版社
出版时间：2013 年 1 月
ISBN：978-7-5358-8909-6

图书导赏：

　　1841 年，理查德·欧文将其发现的某种大型动物的化石命名为"恐龙"化石，由此便开启了人类对恐龙这一物种的研究。作为曾经统治地球的不可一世的霸主，在 1 亿年前，恐龙曾达到繁盛，而在 6400 万年前，他们却又突然神秘消亡。一直以来，恐龙都是令各国科学家着迷的一种史前生物。

　　《恐龙大百科》一书较为详细地介绍了恐龙时代的历史发展。通过对"初期恐龙""恐龙世界""巨型恐龙时代""繁荣的世界"和"变化与灭绝"5 个部分的详细介绍，作者力求还原恐龙这一物种由盛而衰、直至消亡的这一发展过程。书中知识点清晰，画面色彩丰富，通过实景照片与数码图片的虚实结合，将恐龙这一史前物种活灵活现地展现到读者面前。

　　本书文字流畅，深入浅出，通俗易懂，易于读者对知识点的掌握，同时，每章节结尾都有一则"恐龙趣事"，用以介绍一些有关恐龙的历史数据，部分章节还提供了扩展阅读的网站地址，方便小读者在家长的带领下获取更多知识，开阔视野。图书的最后还附上了专业的"术语表"，便于小读者随时查看。是一本内容详尽，知识点全面的恐龙知识大百科。

阅读推广建议：

　　本书作为科普类知识读本，可与其他恐龙类书籍一起开设专架展示。图书馆也可组织科普知识问答等活动。

阅读年龄：9—15 岁

世界原来是这样 · 东南亚东亚篇

作　　者：于秉正　主编
出 版 社：中国电力出版社
出版时间：2012 年 11 月
　ISBN：978-7-5123-3668-1

图书导赏：

没有一个人可以走遍世界，那么就让书籍带你走！

《世界原来是这样 · 东南亚东亚篇》就是这样一本可以带着你，足不出户就走遍世界的科普读物。该书将东南亚、东亚不同国家的风俗民情进行了重点摘取和简要介绍。通过阅读，小读者会了解不同国家的丰富特产，有趣的生活习惯，不一样的民族习俗、特色饮食……

该书从儿童视角出发，运用简洁明快的儿童语言，将一个个生动有趣的各国民俗呈现在小读者面前，使小读者宛若置身其中。字里行间穿插了大量的彩绘图画，配合文字说明。每个人物形象都身着当地特色服装，每处景观力求突出原物特点，使小读者在阅读的同时，可以感受到异国风情，如临其境。

该丛书共计 6 册，分为"东欧中欧南欧篇""南亚西亚中亚篇""美洲大洋洲篇""北欧西欧篇"和"非洲篇"。通过色彩丰富的插图，配合幽默诙谐的文字，将世界各国的风俗民情生动地展现在读者面前。使小读者在阅读的过程中，潜移默化地了解到世界各地不同的国家文化，从而达到开阔儿童视野，拓宽眼界的目的。

阅读推广建议：

本套书作为课外阅读的科普系列丛书，适合图书馆向家长、学校推荐；或与其他同类型书籍开设专架展览。

阅读年龄：9—12 岁

长大后，我要当……

作　　者：（比）杜高　文；（意）潮流艺术公司，
　　　　　（意）维尔里　绘；周林莎　译
出 版 社：广西师范大学出版社
出版时间：2013 年 1 月
　ISBN：978-7-5495-3147-9

图书导赏：

今天的兴趣，也许成就明天的梦想！

《长大后，我要当……》是一本职业启蒙绘本，书中将现实生活中常见的 12 种职业形态进行了一一展示，职业体验中包括电视主持人、飞行员、老师、警察，等等。为了使小读者能够更加深刻地体会到不同职业间的差别，书中还借助图文搭配的表现技法，将各种职业的职责与工作特性进行了集中展现。通过跨页式的设计，将幼年时的兴趣与成年后的职业以孩子的天性和个人爱好作为纽带连接了起来。

本书文字简短，朗朗上口，画风亲切可爱，语言表述贴近儿童生活。通过儿童兴趣的展现与从事职业的对接，字里行间处处可见对儿童天性的尊重。孩子只是孩子，同样具有选择与拒绝的权利。透过文字与图片，作者希望传递给孩子们从小培养个人兴趣并为之不懈努力的积极向上的生活态度。

本书从属于《长大了，我要当……》套系绘本，该套系共计 3 册，分别介绍了 36 种常见职业形态，是一套较为优秀的儿童职业启蒙读本。

阅读推广建议：

本书将个人兴趣与职业体验有机整合，通过绘本中一个个职业体验内容向儿童传递出不同职业间的差异与特性。是一部较为优秀的低幼儿童绘本读物。适用于图书馆开展故事会讲读、职业体验活动、图书推荐等使用。

阅读年龄：4—6 岁

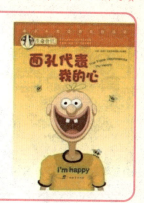

面孔代表我的心

作　　者：小多（北京）文化传媒有限公司　编译
出 版 社：广西教育出版社
出版时间：2013 年 3 月
ISBN：978-7-5435-6941-6

图书导赏：

每个人都有一张面孔，我们能记住我们亲人的脸、朋友的脸，甚至很多似曾相似的脸，那么为什么我们能够通过分辨不同的脸来辨识不同的人？我们脸上喜怒哀乐的表情又是怎么产生的？动物们看似千篇一律的面孔真的完全一样吗？这些问题在本书都可以找到答案。

本书以面孔为主要探讨对象，通过多个相对独立的小故事，共同就面孔这一主题进行了分角度阐述。这些文章看似五花八门、千奇百怪，实则内容丰富、主题鲜明。作者从儿童视角出发，通过儿童熟悉的问题进行科学分析，拉近了儿童在阅读过程中的心理距离。

该书编制态度严谨，语言幽默，图片精美。使儿童在阅读的过程中，不会因科普内容而感到枯燥无味。鼓励小读者独立思考，认真探索。在图书的结尾，作者并没有按照以往惯例给出所谓的"标准答案"，而是给每一个阅读本书的人留有充分的思考余地。在破解谜题的同时，更加注重解决问题的方法传递。

本书归属于《生命价值》丛书第二辑，该丛书是历年父母选择奖大奖得主，美国最受推崇的课外延伸读物，教师首选的教学辅助材料。

阅读推广建议：

本书是一本适合于小学中级段阅读的科普绘本。图书馆可以将其与馆内的科普阅读活动配套使用，或用作专题推荐。

阅读年龄：7—12 岁

神气的交通工具

作　　者：（法）芭德莱蒂娜　著；（法）毕亚德，
　　　　　布鲁丁，库利亚斯，嘉来龙　图；曹杨　译
出 版 社：接力出版社
出版时间：2013 年 7 月
ISBN：978-7-5448-3104-8

图书导赏：

　　《神气的交通工具》引自法国国宝级科普启蒙胶片书——"第一次发现"丛书。该书通过栩栩如生的细密画面向小读者分别介绍了陆地上的常见交通工具、特殊交通工具、空中交通工具以及水上交通工具。作者通过对各种交通工具的外观、内部构造、零部件等的展示，将各种交通工具详细地展现在小读者面前。通过对各种交通工具的用途和特殊技能的介绍，使小读者在阅读识别的过程中，可以较好地掌握各种交通工具的基本概况。通过透视胶片的运用，使页面呈现出幕前幕后不同的场景，在感受阅读快乐的同时，小读者还可进行前后对应，并进一步明确各种交通工具的内部构造，有利于儿童的探索和发现。使小读者在动态的学习中，掌握相关的科普知识。

　　该书语言轻松易懂，图片力求实景，贴近生活，对于小读者的物体识别具有很好的展示性。同时在章节的设计上采用由近及远的方式，从日常生活中常见的交通工具入手，拉近了小读者与图书间的距离，便于识读后与现实生活的迅速接轨。

　　该书从属于"第一次发现丛书·透视眼系列小百科"系列，本套图书自1989 年问世以来已先后被翻译成多国语言，受到世界各地小读者的喜爱，是一本贴近儿童生活、启发儿童思考、鼓励儿童探索和培养逻辑思维的优秀儿童科普读物。

阅读推广建议：

　　本书是一本动态学习知识的优秀儿童读物，适合于图书馆、幼儿园等进行专架展示，或作为低幼读者活动用书。

阅读年龄：4—6 岁

货币

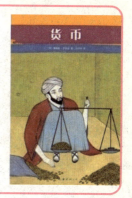

作　　者：（英）詹姆斯·罗伯逊 著；
　　　　　刘书琴 译
出 版 社：南海出版社
出版时间：2013 年 11 月
　　ISBN：978-7-5442-6764-9

图书导赏：

　　货币是什么？货币除了满足我们日常吃穿住行的需求外，还有什么用途？未来，货币能朝着我们希望的方向发展吗？本书以货币的产生与发展为轴，遵循着发现问题、提出问题、思考问题的写作思路，通过生动的事例讲述了货币、银行、税收以及货币体系的运作等知识。更为难得的是，本书还进一步探讨了货币伦理与价值公平问题，启发读者从一个新的视角去思考货币对于社会、对于生活的意义。这样的思考对于世界观正在形成的青少年来说，其深远的意义是不言而喻的。诚如作者在本书中引言所提到的："货币反映出了经济、政治、社会、科技、宗教和文化的变化，也推动了这些变化的产生。了解货币的历史与作用，对于 21 世纪初的年轻人来说尤为重要。"

　　本书语言简练，配图精美，书中融经济、艺术、社会等多门学科为一体，在传递知识的同时，留给小读者充分的思考空间，发人深思，是一本不可多得、见解独到的经济学启蒙书。

　　本书是《写给孩子的人文启蒙》系列中的一册。该系列共5册，包含法律、货币、家族、艺术以及战争5册，是一套较为完整的社会学知识普及图书。

阅读推广建议：

　　本书融经济、艺术、历史等多种学科知识于一体，是一本较为理想的青少年科普读物，适用于图书馆用作经济图书专架，或用于学习讨论使用。

　　阅读年龄：9—12 岁

孩子压力太大，怎么办？

作　　者：（美）特瑞弗·罗曼，（美）伊丽莎白·沃迪克　著；郑珍宇　译

出 版 社：中国少年儿童出版社

出版时间：2013 年 8 月

ISBN：978-7-5148-1236-7

图书导赏：

压力是儿童在成长的过程中不得不面对的必然阶段，这种压力来自于生活的方方面面。它毫无踪迹可循，却又时时影响着孩子的生活。作为孩子，要如何度过这样的难关？如何正确地处理压力所带来的负面影响？如何将压力转化为动力？压力一定就是坏的吗？

这是一本适合于儿童自我情绪控制和心理调节的优秀儿童读物。书中从压力的真面目、压力的来源、应对压力的糟糕方式以及如何快速减压等方面进行阐述，使读者在阅读的过程中了解到有压力并不一定都是坏事，正确的疏导也可以使压力变成正向的动力。同时，为了提高图书的趣味性，书中还特别编排了笑话和插图，对文字进行说明，使读者从中感受到阅读的快乐。

本书是《我的第一套儿童成长自助手册》丛书中的一册。丛书还包括《孩子害怕考试，怎么办？》《孩子爱发脾气，怎么办？》《孩子做事没条理，怎么办？》共 11 册。本套书围绕 11 个小学中低年级学生成长过程中让人头疼的问题，从孩子的视角出发，用图文并茂的方式帮孩子们分析问题，并提出合理的建议与实用的小窍门，帮助孩子实现自我成长。

阅读推广建议：

本书是一本儿童自助成长必修手册，适合于图书馆向读者进行推荐，或用作情绪管理阅读专架展示。

阅读年龄：7—8 岁

一想就明白的会意字：自然篇

作　　者： 刘玉美　编著；王亚亚　绘
出 版 社： 北京师范大学出版社
出版时间： 2013 年 8 月
ISBN： 978-7-3031-6770-8

图书导赏：

　　本书是《"汉字树"阶梯识字图画书》系列图书中的一册。本套图书包括《简笔画般的象形字（自然篇）》《简笔画般的象形字（人文篇）》《一想就明白的会意字（自然篇）》《一想就明白的会意字（人文篇）》《看起来很像的汉字》《听起来很像的汉字》6 个分册，收录儿童在生活中常见的汉字约 300 个。

　　中国汉字以象形为基础，每一个字的背后都有一个简单的"故事"，经历一个漫长的从象形到抽象的演化过程后才逐渐发展为现代汉字。本书的编制方式就仿佛在带领小读者经历一个汉字的成长过程。通过活泼的配图和朗朗上口的儿歌，使小读者可以在游戏中，逐渐掌握汉字的组字方式和特点，在游戏中打好识字的基础。全文通篇采用三句半的儿歌形式，增加了汉字在学习过程中的乐趣。同时每页中的"小状元讲字理"栏目则对会意字追根溯源，帮助小朋友加深对会意字的记忆与理解。同时书中还穿插了部分"周末派对"贴纸游戏，帮助小朋友在游戏的过程中进一步理解会意字的内涵。

阅读推广建议：

　　本书是一本针对学龄前儿童识字的辅助读物，图书馆在馆内开展阅读相关活动中，可以作为辅助性材料使用，或作为学龄前儿童幼升小专题文献推荐。

　　阅读年龄： 0—6 岁

给即将上大学的孩子们的信

作　　者：（美）C.F. 施文　著；贾辰阳，马小悟　译
出 版 社：北京大学出版社
出版时间：2013 年 8 月
ISBN：978-7-3012-2783-1

图书导赏：

"我希望你走出大学的时候，成为一名思考者。（I want you to come out of the college a thinker.）"毕业于哈佛的 C.F. 施文在给他即将进入其母校就读的儿女的家信中，写下如此语重心长的寄语。

本书被誉为"美国版傅雷家书"，全书包括三个部分：给即将上大学的儿子的信、给即将上大学的女儿的信，以及"如果我是一名大学生"。虽然本书写于一百多年前，但时至今日，书中的话语同样适用于我国的青少年。作为"过来人"的我们是如此真诚地希望即将面对大学生活的高中生们能清楚地知道：你为什么要上大学？你要在大学做些什么？应该如何度过自己的大学时光？如同施文先生所说的那样"大学既不是目的，也不是最终原因或结果，大学始终是一种手段、方法或力量"。书中一句句诚恳的话语，宛若一名睿智的老者在迷惘的青年人面前所给予的殷切希望和谆谆嘱托。

C.F. 施文作为一位杰出的教育家，一生笔耕不辍，曾先后出版过《如何读书》《美国高等教育史》《远东的教育》等学术专著，同时还著有《给即将进入大学的儿子的信》《给即将进入大学的女儿的信》等这样语重心长的家书。文章字字珠玑，不失一部写给青年人的经典佳作。

阅读推广建议：

本书是一本写给即将步入大学者，或已经步入大学者的一本心灵鸡汤，适用于图书馆进行馆藏推荐，或进行专架展示。

阅读年龄：16—18 岁

佐贺的超级阿嬷

作　　者：（日）岛田洋七　著；陈宝莲　译
出 版 社：南海出版公司
出版时间：2013 年 11 月
　ISBN：978-7-5442-6637-6

图书导赏：

　　本书真实记录了作者岛田洋七和他的外婆在佐贺乡下的 8 年共同生活。书中，"二战"后的日本尚未从原子弹爆炸的创伤中恢复过来，"我"的父亲因为受到核辐射而早早辞世，母亲无法独自照顾多个孩子，"我"便在完全不知情的情况下被母亲和姨妈送到了佐贺，由住在茅草房的外婆抚养。外婆用微薄的收入和每天从河里捞起的市场里淘汰的蔬菜辛苦抚养着"我"。主人公也因此过着食不果腹的生活，唯一负担得起的运动只有跑步。然而如此贫穷的生活却没有给他们带来怨怼，外婆用积极乐观的态度时时让家中充满新奇和欢笑。慈祥平和的外婆对亲人充满了关爱，对邻里充满了友善，使"我"的童年处处萦绕着温馨。受外婆的影响，主人公并没有受困于经济上的贫苦，而是尽力去体会生活中每一点小惊喜和小幸福。用心去体会着那句名言"幸福不是由金钱左右的，而是取决于你的心态"。

　　本书是《佐贺的超级阿嬷》和《佐贺阿嬷：笑着活下去》两书的合集。作者采用朴实的纪实手法，将童年的佐贺时光娓娓道来。由于取材于生活，使得整本书感情真挚，每一个出场角色都形象饱满，活灵活现。在人们为名利劳碌痛苦的今天，这本书让无数人重拾小时候的快乐，重新注意到自己身边的亲人，重新审视幸福存在的意义。而对于孩子而言，这本书也让他们体会到一种截然不同的生活态度与方式，潜移默化中使他们了解：生活的幸福，其实并不取决于金钱的多少，只要你愿意，它可以处处都在。

阅读推广建议：

　　本书处处充满着积极乐观的生活态度，适合于小学阶段的读者进行自主阅读或集体讲读。

　　阅读年龄：7—12 岁

布罗卡街童话故事集

作　　者：（法）皮埃尔·格里帕里　著；（法）克洛
　　　　　德·拉普安特　绘；邢培健　译
出 版 社：南海出版社
出版时间：2013 年 8 月
ISBN：978-7-5442-6595-9

图书导赏：

　　这是一部诞生于 1967 年的童话故事集，历经半个多世纪，依旧经久不衰。书中所有童话故事的发生地，是一条在巴黎真实存在的布罗卡街。童话中有可爱的小仙子，也有可怕的女巫，还有善良的小恶魔……每一个发生在主人公身上的离奇事件就好像某一天真的会发生在身边一般。透过一个个童话里的人物，带给孩子们异想天开般的奇思妙想，还同样赋予了小读者更多对现实的哲思。

　　本书行文流畅、文字朴实；情节层层递进、跌宕起伏；画面细腻幽默、夸张有趣，符合儿童阅读心理。在故事的推演中，作者将个人对童话的喜爱展现无余，透过一个个有趣的童话故事，展现了自己天马行空般的想象力。由于故事情节的离奇幽默，以及儿童对故事内容所展开的想象，使儿童在阅读本书过程中，个人想象力得到较好的发挥和扩展。

　　本书是皮埃尔·格里帕里最著名的作品，令无数儿童为之着迷，业已成为法国当代儿童文学经典作品。作者皮埃尔幽默的语言，搭配上克洛德的夸张幽默画风，使整部童话宛若天成，不失为一部经久不衰的优秀童话作品。

阅读推广建议：

　　作者的超现实幻想以及幽默的表述方式，对开发儿童思维和想象力具有很好的推动作用。本书适用于图书馆进行章节式内容讲读，开展故事会或作为专架图书推荐展示使用。

阅读年龄：7—12 岁

寻找家园：18个奇思妙想的家

作　　者：（瑞士）彼得·施塔姆　著；
　　　　　（德）尤塔·鲍尔　图；陈巍　译
出 版 社：湖南少年儿童出版社
出版时间：2013 年 1 月
　ISBN：978-7-5358-7961-5

图书导赏：

　　几乎所有的孩子都有过搬家的经历，一个家从陌生新奇到温暖熟悉，每一个阶段都是一次新的经历与不一样的体验。但是"房子"就是"家"吗？

　　本书以丰富的想象力向读者展示了 18 个不同凡响的"家"，将它建在了各种让小读者从未想过却又兴奋不已的地方——公交车里、森林里、教堂屋顶、小提琴里、梦里，甚至什么都不是的地方。经过无数次的地点变换，他们最终落脚在了城外的家，这里有四季变换和不同的风景，每天的景色一样又不一样，还有家人的问候，想象也终于着陆了。伴随着书页的翻转，读者跟随着作者不断穿梭在各种梦幻般的地方。

　　本书由获得过数项文学大奖的彼得·施塔姆和欧洲最负盛名的"色彩女皇"尤塔·鲍尔历时 3 年联袂打造而成。书中简洁凝练的语言、轻松明快的线条将图文的内在关系完美地进行了诠释。通过图文的相互映衬，将每一个环境下，"家"的特点表现得惟妙惟肖，使人感觉处处意料之外，却又情理之中。本书以丰富的想象力和妙趣横生的图画，使儿童在阅读的同时，不拘泥于固有的思维方式，对丰富儿童的想象能力、增强儿童的阅读体验具有较好的推动作用。

阅读推广建议：

　　本书是一本开阔儿童思维、发挥儿童想象力的上佳读物，适用于图书馆进行集体故事讲读，或图书推荐使用。

　　阅读年龄：7—12 岁

威尔历险记1：白色的群山

作　　者：（英）约翰·克里斯托弗　著；邹运旗　译
出　版　社：安徽少年儿童出版社
出版时间：2013 年 5 月
ISBN：978-7-5397-6585-3

图书导赏：

故事开始于英国的一个小镇。这个世界被巨大的三脚机器人统治着，曾经的文明被消灭殆尽。当孩子到了规定年龄时，将举行加冠礼——机器人为他们戴上一顶可以在不知不觉中控制人思想的金属帽子，加冠失败的孩子就变成流浪者，疯疯癫癫，辗转流浪于各个城镇。主人公威尔曾与自己唯一的挚友杰克谈天说地，但之后的加冠礼彻底改变了杰克。孤独的威尔遇到了奇特的流浪者，得知了这世上还存在着反抗三脚机器人、追求自由的"自由人"组织。他们的基地便在白色的群山之巅。一个月夜，威尔偷偷离开家，和朋友们一起踏上了追求自由的旅程……随着故事的不断发展与推进，威尔从最初的受人指引到后来的坚定追求，在不断的挣扎与思考中，完成了自己心灵上的"成人礼"，使整部小说得以升华。

这是一部可以追溯到 20 世纪 60 年代的科幻小说，同《威尔历险记2：金与铅之城》《威尔历险记3：火潭》和《威尔历险记4：三脚机器人来袭》共同构成了《威尔历险记》系列丛书。该书由德国青少年文学奖得主约翰·克里斯托弗所著。书中采用了与现实世界相同的地理设计、乡村风光，使读者在阅读的过程中可以迅速地接纳并走入主人公世界。此部图书中，科幻场景的设计并非像魔幻作品那样脱离现实，而是通过合理的故事情节、科幻的表现形式去牵引读者逐渐深入思考科学技术原理、世界运行法则，不断深入体会人生追求的意义。

阅读推广建议：

本书是一本优秀的儿童幻想读物，对于开阔儿童思维、增强儿童想象力具有积极的作用。适用于图书馆作为科幻专架进行文献推荐。

阅读年龄：9—15 岁

兔子邮差·小猫写信：快乐卷

作 者： 林文宝，汤素兰 主编
出 版 社： 湖南少年儿童出版社
出版时间： 2013 年 1 月
ISBN： 978-7-5358-8758-0

图书导赏：

大陆和台湾，隔海相望，一脉相承，然而相同的文化根基却孕育了不同的文化发展路径。这本《兔子邮差·小猫写信：快乐卷》是"两岸儿童文学经典共读丛书"系列中的一部。该书收录了台湾和大陆数十位优秀儿童文学作家的短篇童话、小说、童谣和诗歌，作品风格各异，却字字珠玑。使孩子们获得丰富的阅读经验的同时体味不同的文化特色。

"快乐卷"里的故事，有大家耳熟能详的《猪八戒吃西瓜》《排排坐》，也有新颖神奇的《天上下猪》《鱼儿钓下一只猫》《兔子邮差》。一个个憨态可掬的小主人公身上随处可见孩子们的影子。

该系列丛书按作品的主题共分为 4 部：《爱之卷》《成长卷》《快乐卷》和《奇幻卷》。不同的主题内容展现出作者想要传递给儿童的各种正向力量，使每一个阅读的孩子可以在潜移默化中体会到爱的力量、成长的快乐、奇思妙想的构思。大陆文学的醇厚，台湾文学的活泼，两岸文学作家用手中的笔将一个个生动活泼的儿童形象融汇于故事中，使小读者在阅读中体会不一样的文化风情。

作者充分考虑了儿童的阅读特点，遣词造句简单易懂，低龄读者也可在家长的陪伴下享受美丽的故事。有的童话浅显单纯，有的童话内涵深远，让大人和孩子有不同的理解，促进亲子之间的交流，也让大人重拾童趣，体会阅读的惊喜。

阅读推广建议：

本书是一本优秀的两岸儿童文学读物，对于开阔儿童视野，了解海外文化具有积极的作用。该书适用于图书馆作为故事讲读使用。

阅读年龄： 4—8 岁

海底100天："鹦鹉螺号"海底大冒险

作　　者：（英）艾米莉·霍金斯，（英）A.J.伍
　　　　　德　著；（英）韦恩·安德森　等绘；
　　　　　刘跃骅　译
出 版 社：新世界出版社
出版时间：2013年1月
ISBN：978-7-5104-3421-1

图书导赏：

伴随着书页的不断翻动，小读者将与本书一起开启一段神秘的海底探险之旅。在这里，有泛黄且带着海腥味的珍贵手稿、神秘奇异的海洋生物、广袤无垠的海底地形，也有深厚的航海经验、曲折的海上经历，以及水母标本、海底火山灰、传说中波塞冬的三叉戟……所有新奇神秘的事物遍布在书中的每一个角落！

该书以第一人称的口吻，以叙事方式向读者娓娓道来一段神秘的海底探险之旅。它别出心裁地将海洋秘密以手写日志方式展现出来，并配以独特的立体插件，绝妙传神地将视觉、听觉、触觉融为一体。难得的是该书将航海知识、海洋生物、海底地理等知识融为一体，以探险故事为线索，在小读者阅读探险故事的同时，还将了解多种海底科普知识，每翻一页，都是一次振奋人心的海上探索、一次受益匪浅的收获、一次不可小觑的震撼。

本书与《木乃伊的诅咒》《古希腊之谜》和《龙之魅影》均为"神秘日志"系列图书。该系列图书曾先后被译成17种文字畅销海外，并荣获大英图书奖最佳童书奖。书中集故事性、知识性、游戏性于一体，通过精心编排，打造极富神秘性、亦真亦幻、虚实结合的阅读效果，通过创意插图、模具、地图、标本、注释等立体插件的辅助，增强读者在阅读过程中的乐趣体验。是一本适合于多年龄层的优秀科普读物。

阅读推广建议：

本书是一本开阔眼界，提升科普知识的优秀儿童科普读物，适用于图书馆进行集体故事讲读，科普读物专架展示或图书推荐使用。

阅读年龄：7—12岁

地震求生记

作　　者：韩国科学知识发展所　著；千太阳　译

出　版　社：江苏科学技术出版社

出版时间：2013 年 8 月

　ISBN：978-7-5537-1103-4

图书导赏：

面对灾难，如果每个人都多一些了解，少一些盲从，也许就会大大增加生存的希望，降低损失的可能。

这本《地震求生记》巧妙地将自然现象、科学基础及人文知识等相关内容结合在一起，运用滑稽有趣的漫画形式将原本枯燥无味的地震知识通过两个小主人公生动地展现出来。他们从对地球内部构造的了解，到体验世界各国地震，再到认真面对地震的危害，小主人公金哲浩在大地精灵的引导下，不断加深对地震相关知识的认识。

为了更好地加深小读者对故事内容的了解，提高认识，全书采用了漫画的表现形式，使每一个知识点在讲述的过程中，不会因过于深奥而导致晦涩难懂。文字诙谐幽默，情节有趣，图画滑稽可笑，色彩艳丽，符合儿童阅读心理。同时，在本书的每段"知识漫画"后，还设立了"知识口袋"板块，对之前的内容进行补充扩展。书后的"挑战科学王"水平测试在增加本书的趣味性的同时，更考察了孩子们对知识的掌握程度。

《地震求生记》出自《原来如此》科学知识丛书。该套图书共 10 册，内容涉及宇宙、自然、生命、医学、环境等多方面，是一套优秀的儿童科普绘本。

阅读推广建议：

本书是一本优秀的科普知识绘本，对于儿童的科普知识及求生技能的增长大有裨益，建议图书馆可以将其作为"生存技能""认识自然""科普绘本"等主题图书加以推荐或使用。

阅读年龄： 9—12 岁

信天翁的眼睛：寻访海洋生物的世界

作　　者：（美）卡尔·沙夫纳 著；高荣华 译
出 版 社：江苏科学技术出版社
出版时间：2013 年 1 月
ISBN：978-7-5345-9828-9

图书导赏：

《信天翁的眼睛》是一本难得的科学纪实图书。作者巧妙地运用拟人的手法，将信天翁这种最为常见的海洋鸟类的生活真实描绘出来。

阿曼利亚，一只雌性信天翁，是本书的主人公。为哺育后代，勇敢的信天翁妈妈与伴侣交替觅食，在这人迹罕至的海洋旅途中独自翱翔，最长一次旅途竟远达 7000 英里。仅半年光景，她盘旋的身影便遍布南太平洋。不仅如此，阿曼利亚在漫长的觅食过程中，大量的海洋生物被分门别类地呈现在读者眼前。而这些野生动物鲜为人知的生活习性和活动规律，也透过信天翁的敏锐眼睛分享给阅读中的人们。

本书在 2003 年荣膺约翰·巴洛塔斯奖，同时也是新闻出版总署第四次"向全国青少年推荐百种优秀图书"之一。品读书中主人公阿曼利亚生活中的点滴，细细感受并体味信天翁坚韧不拔、乐观向上的生活态度。

值得一提的是，书中文献、历史和科学知识交错而行，再结合真实探险的场景图片，将整个观测过程呈现到读者眼前，使读者宛若置身其中。

阅读推广建议：

本书是一本开阔眼界，提升科普知识的优秀儿童科普读物，适用于图书馆进行集体故事讲读、科普读物专架展示或图书推荐使用。

阅读年龄：11—18 岁

捣蛋数学

作　　者：（德）罗伯特·格林斯伯格　著；
　　　　　（德）尼尔斯·福林格尼　画；任波　译
出 版 社：中信出版社
出版时间：2013 年 1 月
ISBN：978-7-5086-3657-3

图书导赏：

　　数学在大多数孩子的眼中，是枯燥乏味，死气沉沉的。然而，《捣蛋数学》却用诙谐的语言、幽默的故事、深入浅出的道理将一个个数学难题变成一个个犹如侦探故事般的数学推演，带领着小读者在不断破解谜题的过程中，领悟数学的魅力。

　　《捣蛋数学》讲述了"小猪帮的胜利"和"公猪山奇遇"两个与数学有关的捣蛋故事。书中主人公海恩、詹姆斯和宝乐是三只聪明绝顶的小猪，他们从不相信老师能比自己还聪明。三只小猪组成的"小猪帮"总有无穷无尽、稀奇古怪的数学问题，对此，他们的老师派克先生总是被没完没了的问题折磨得头痛不已、狼狈不堪！伴随着一个又一个问题的不断解开，环环相扣的数学推演也被一个个不断地呈现在读者面前。

　　书中的数学一改以往刻板说教的模式，通过恶作剧游戏的方式表现出来，贴近儿童心理需求，使呆板的教科书逐渐成为生动有趣的推演过程。通过 88 个"老师难解"的数学恶作剧，孩子们获得的不只是破解谜题的成就感，更有在演算过程中带来的思考。

　　本书语言诙谐幽默，故事生动活泼，通过正反装帧的形式，使看似两本图书的内容完美地结合在一起。使儿童在破解谜题中，获得阅读的快乐。

阅读推广建议：

　　本书是一本开阔儿童数学思维，提升儿童数学演算技能的优秀读物，适用于图书馆进行图书推荐使用。

阅读年龄： 7—12 岁

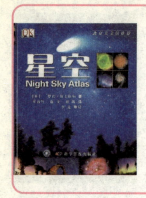

星空

作　　者：（英）罗宾·斯卡格尔　著；崔石竹，
　　　　　寇文，刘茜　译
出 版 社：科学普及出版社
出版时间：2013 年 6 月
　　ISBN：978-7-1100-6493-1

图书导赏：

　　耀眼的恒星、曼妙的星座、绚烂的星云以及丰富的天文小知识构成了本书的知识基础，作者将星空的知识串联成一个个有趣的知识点，配以天文学家的传奇往事和星座神话娓娓道来，使整本图书的知识点详尽却又不失趣味，增强了读者的阅读乐趣。

　　概述从不同天区开始，跨过一年四季，将 12 个月不同的天象进行了分别展示，并力求形象与具体。利用平面展示与透明胶片相结合的形式，将天空中的各个星座一一呈现在读者面前，使高远神秘的星空更加形象具体，令读者恍若身临其境，令人流连忘返。与其说《星空》是一本天文星象的科学普及书，倒不如说是一册实用的星图参考工具书。翻开书的一瞬间，便如同步入一座小小的天文馆，四季星空尽在眼前。

　　本书出自《DK 科普典藏》，全套四册，包括 DK 经典图书《星空》《海洋》《人体》及《恐龙》。整套图书为精装大开本，通过精美的图片、高级的图形胶片和各种图表对文本内容进行解释说明，将科普图书的视觉效果发挥得淋漓尽致，给人身临其境的直观之感。

阅读推广建议：

　　本书是难得的天文科普读物精品，适合于天文爱好初学者以及图书馆的科普活动的开展。同样也适用于科普读物专架展示。

阅读年龄：7—15 岁

阿迪和朱莉

作　　者：陈致元　文 / 图
出 版 社：河北少年儿童出版社
出版时间：2011 年 8 月
　ISBN：978-7-5376-3619-3

图书导赏：

　　本书讲述狮子和兔子的故事。小狮子阿迪和小兔子朱莉长大了，阿迪要去草原吃兔子，朱莉要去草原吃青草。出门前，他们在家里学习如何捕捉兔子和如何躲避狮子。然而，一场不期而至的大雨让互为天敌的他们在漆黑的山洞里相遇了。特殊情况下的他们竟然成为了朋友，并互相传授本领，分别的时候他们互赠对方一份礼物。回到家，阿迪和朱莉分别向父母展示自己学到的新本领，并告诉他们一个关于狮子和兔子成为好朋友的故事。夜晚，他们拥抱着对方赠送的礼物进入了梦乡。

　　这是一本讲述友情的美好、温暖和包容的优秀原创绘本。故事欢快活泼，以儿童的视角重塑了狮子和兔子的形象及关系，表达了友情是没有界限的，身份和习性的差异无法阻碍纯真友谊的到来，充分阐释了友情的包容性。值得一提的是，本书采用独特的装帧设计，将内页裁切为上下两部分，分别述说小狮子和小兔子的故事。当他们相遇时，页面合为一页，当他们分别后，页面重新分开，形式与内容巧妙配合，让相遇和友谊的到来自然而真切。

阅读推广建议：

　　本书是值得称赞的阐释友情的原创作品，适用于图书馆集体故事讲读，也可作为友情专架图书展示。

　　阅读年龄：4—6 岁

葡萄

作　　者： 邓正祺　文 / 图
出 版 社： 明天出版社
出版时间： 2013 年 11 月
ISBN： 978-7-5332-6430-7

图书导赏：

　　小狐狸勤勤恳恳地种了一园葡萄，他期盼葡萄大丰收。为了能够种出最多、最甜的葡萄，小狐狸多方请教，最后得到一条真理——要有爱。但是，究竟怎样才算有爱呢？小狐狸向几位最有爱的人请教。

　　这是一本有关"爱"的、极具代表性的优秀原创作品。作者通过故事的不断发展推进，对狐狸这一传统形象进行了重新塑造，使一个天真、可爱、勤劳、灵动却又坚持的小狐狸形象跃然纸上。作者借助小狐狸对"吃"的执着，将高尚又严肃的"爱"与普普通通的"吃"联系到一起，通过轻松幽默的语言和清新明亮的图画，将"爱"这个抽象的概念形象化、具体化、趣味化，以贴近儿童现实生活的视角，通俗易懂地展现了爱的含义。用"吃"来表现收获爱之后的满足感，描绘了一个为追逐梦想不懈努力的、天真无邪的小狐狸形象。

　　文本内容一反说教训诫的口吻，而是采用天真无邪、诙谐幽默的语言方式，使整本故事在轻松幽默的环境下，以儿童的视角与思维逻辑，对一个严肃的"爱"的话题进行了重新审视与理解。

阅读推广建议：

　　这是一个阐释爱的轻松幽默的故事，毫无说教意味，既适合图书馆集体讲读，也适合家庭亲子共读，还可以作为"爱"的专架图书展示。

　　阅读年龄： 4—6 岁

阿尔菲出走记

作　　者：（美）肯尼思 .M. 卡多　文；
　　　　　（美）劳伦·卡斯蒂略　图；代冬梅　译
出 版 社：二十一世纪出版社
出版时间：2013 年 1 月
　ISBN：978-7-5391-7546-1

图书导赏：

　　阿尔菲有一双最喜爱的小红鞋，可是妈妈却要把它们送人，因为它们太小不合脚了。为了留住心爱的鞋子，阿尔菲决定离家出走！妈妈不仅没有阻拦他，反而为他准备了水壶、手电筒、饼干等行装，最后妈妈在阿尔菲的背袋里装进一个拥抱。阿尔菲背着满满一大包东西走出家门，在后院的草地上停下来休息。他把心爱的小红鞋穿在好朋友巴迪熊的脚上，然后他们一起吃饼干，读故事，晒太阳，度过了一个温暖愉快的下午。暮色笼罩，阿尔菲觉得有点冷，他想到了妈妈的拥抱，可是当他打开背包却发现拥抱不见了。这时，妈妈张开大大的怀抱朝阿尔菲走来。

　　在儿童的成长过程中，随着生理和意识的迅速发育，儿童的自主意识逐渐显现，对家长不再言听计从，此时父母需要积极、正确地处理孩子的抵触情绪并给予心灵的呵护。本书用生动有趣的情节、鲜艳温暖的图画真实地描述了处于反抗期的儿童的叛逆行为和内心感受，并巧妙地把它变成一场母子间的旅行游戏。最终，母亲用浓厚的爱抚慰和包容了孩子的"小脾气"。本书表达了作者对儿童情绪变化的理解，传递了教育智慧，同时也为父母对孩子的教育方式提供了参考。

阅读推广建议：

　　这是一本蕴含教育智慧的优秀绘本，适合集体讲读或家庭亲子共读，也可以用于儿童成长必读绘本专架展示。

阅读年龄： 4—6 岁

35 公斤的希望

作　　者：（法）安娜·嘉瓦尔达　著；王恬　译
出 版 社：新蕾出版社
出版时间：2013 年 4 月
ISBN：978-7-5307-5600-3

图书导赏：

　　这是一部少年的艰辛成长历程，同时又是一面拷问的镜子。教育家陈鹤琴说："儿童的世界是儿童自己去探索发现的"，一个孩子选择的路才是属于他自己的世界。究竟在孩子成长的过程中，我们所有的人应该去扮演一个什么样的角色？

　　《35公斤的希望》从主人公格雷古瓦（多多）的学校生涯落笔写起，历经多次的辗转颠簸，格雷古瓦从一个自信满满的孩子逐渐成为了一个让家长头疼、学校厌恶的"差"等生。唯一的安慰来自他曾经的幼儿园老师玛丽和爷爷——老莱昂。在爷爷的建议下，格雷古瓦决定服从父母的建议，前往寄宿学校，只为了可以呼吸一些新鲜空气。而难得的是，学校的校长被格雷古瓦来信中那句"我不是很胖，有35公斤的希望"所深深打动。从此，格雷古瓦开始了一段新的学校生涯……

　　本书故事内容真实、情节紧凑、感情充沛，在叙事方式上，作者采用了两条主线，将主人公面对现实生活的失意与内心世界的积极向上形成鲜明对比，通过虚实对比的手法，将格雷古瓦内心的微妙变化详尽勾勒，传递开来。作者用充满张力的语言，将一个少年在成长中所遇到的问题犀利地以故事的形式呈现在读者面前，引人深思。每一个孩子都是天使，一个孩子就是一个希望，然而，在面对他们所具有的不同特质时，成人却常常习惯于用一个统一的标尺来进行测量。透过小主人公艰辛的成长历程，曾经被问过无数次的问题再次出现在我们面前：教育的目的究竟是为了什么？

　　本书作者安娜·嘉瓦尔达被誉为法国最知名的畅销作家和"讲故事的天才"，曾多次获得法国不朽文学奖和法国青少年最佳读物奖等奖项。

阅读推广建议：

　　作品非常适合图书馆开展故事会阅读与讨论使用，使孩子在阅读中感受坚强的力量，还可作为阅读专题展架展示。

阅读年龄：16—18 岁

阿比琳的夏天

作　　者：（美）克莱尔·范德普尔　著；

　　　　　陈静抒　译

出 版 社：晨光出版社

出版时间：2013 年 3 月

　ISBN：978-7-5414-5415-8

图书导赏：

　　故事发生在 20 世纪 30 年代的夏天，主人公阿比琳在找寻父亲的旅途中，收到了一份特殊的暑假作业，从而开启了一段神秘的寻根之路。为了寻找所有谜团的答案，阿比琳经历了亲情和友情的考验；在历险中不断思考与成长。小说以"爱"为永恒的基调，贯穿于整个故事中，以大量的悬疑及谜团为发展线索，透过阿比琳的眼睛，层层抽丝剥茧，不断推进。伴随着谜团的层层剥开，美国当时的社会现状也逐渐清晰地呈现在读者面前。

　　小说的封面描绘了主人公阿比琳沿着铁轨，缓缓向我们走来，经历了种种磨难，在父女相拥的一瞬间，再次阐释了家的意义。使阅读的人更加深入地了解到：成长本来就是一段神秘的旅程，是一段突破重重万难后的温馨，是一段通往回家的路……

　　《阿比琳的夏天》是"长青藤国际大奖小说书系"中的一册，2011 年获得国际权威大奖纽伯瑞儿童文学金奖，并荣获美国图书馆协会、少儿图书馆协会杰出童书。作为国际权威大奖纽伯瑞儿童文学金奖的获得者，克莱尔·范德普尔自幼便喜欢在各种不同的地方读书，这种独特的阅读方式为她的作品积攒了丰富的元素和人生阅历。其作品最突出的特点是采用日记体的记述方式，将时代大背景和主人公的内心活动烘托出来，作品笔触细腻，文字优美；故事情节曲折，层次分明，前后联系紧密，一条线索贯穿到底，便于儿童把握、理解；独特的版式设计完美配合作者的行文思路；精美的插图回应读者丰富的想象力，是一部非常适合青少年阅读的经典童书。

阅读推广建议：

　　作品适合图书馆作为经典文学作品赏析、阅读讨论等活动形式，还可作为阅读专题展架展示。

　　阅读年龄：9—15 岁

吃字的猫咪

作　　者：葛竞 著
出 版 社：山东教育出版社
出版时间：2013 年 4 月
ISBN：978-7-5328-7719-5

图书导赏：

这是一本优秀的儿童短篇读物合集。透过一个个简短的故事，作者将对孩子们寄予的厚望隐藏在字里行间，通过一个个可爱的小主人公，生动活泼地展现出来。

文章中有可爱的吃字猫咪，有可爱的茶狐先生，有善良的小老鼠……每一个可爱的小动物背后都隐含着孩子身上所蕴含的可贵品质，让孩子们在阅读的过程中，感同身受。

《吃字的猫咪》为"中国当代实力派儿童文学作家精品书系"中一册，全书由 38 个短篇童话组成。故事内容幽默，贴近儿童内心；语言明快简洁，节奏紧凑，情节动人；通过拟人、夸张、象征等艺术手法的运用，将人物塑造得个性十足，唤醒了每一个孩子内心深处的善良。书中插入了大量的手绘图画，搭配幽默十足的故事内容，增添了故事的可读性。

由于故事内容的积极向上和生动有趣，在阅读的过程中，有利于儿童形成积极向上的观念和健康的审美意识，是值得一读的好书。

作为中国作家协会第六次全国代表大会最年轻的代表，葛竞从 9 岁开始发表作品，迄今先后发表小说、童话等 300 余篇，作品曾获"五个一"工程奖、中国优秀儿童图书奖等，深受小读者的欢迎和喜爱。

阅读推广建议：

作为儿童文学作家精品书，本书适合阅读专题展架展示，也可作为图书馆开展故事会阅读与讨论使用。

阅读年龄：7—10 岁

木头娃娃的旅行

作　　者： （美）雷切尔·菲尔德　著；
　　　　　　陈静抒　译；李广宇　绘画
出 版 社： 晨光出版社
出版时间： 2013 年 3 月
　ISBN： 978-7-5414-5418-9

图书导赏：

这是一本让人爱不释手的旅行故事书。有人说，旅行是一种心灵的救赎；也有人说，旅行是去体验不同的人生。旅行带给我们的意义到底是什么？作者通过一个历经百年的木头娃娃的视角，同我们共同分享了一段离奇的冒险故事。

《木头娃娃的旅行》获得了纽伯瑞儿童文学金奖，故事讲述了一块小小的寓意吉祥的花楸木，漂洋过海来到普雷布尔家，成为小姑娘心爱的木头娃娃——希蒂。在一次出海旅行中，希蒂被掉到了海里，从此开始了一段漂泊、冒险、精彩的百年旅行。当我们沉浸在作者所创作的细腻文字中，用心去体会那些作家精心刻画的人物和事件，感受其中所蕴含的孩子们内心模糊而独特的感受时，所有曾经的忧伤、欢乐、宽容和回忆都被一点一滴地唤醒。

本书是作者雷切尔·菲尔德最有分量的文学作品之一，屡获殊荣。通过充满想象力的艺术手法和紧凑逼真的故事情节，作者为读者提供了新颖的观察视角和思考空间，表达了对生活的热爱和探索世界的勇气。一个充满魅力的经典形象，一段不可思议的旅程，一幕幕栩栩如生的传奇故事，一个值得去追寻的人生哲理……构成一本值得一读的精彩的作品。

阅读推广建议：

作品非常适合图书馆开展故事会阅读与讨论使用，使孩子们在阅读中学会坚强和宽容，同时也可作为阅读专题展架展示。

阅读年龄： 11—15 岁

西顿动物故事集

作　　者：（加拿大）E.T. 西顿　著；蒲隆，
祁和平　译

出 版 社： 明天出版社

出版时间： 2013 年 5 月

ISBN： 978-7-5332-7383-5

图书导赏：

在大多数作家的笔下，动物或者憨态可掬，或者阴险狡诈，或者纯真善良，可是无论哪一种，我们所看到的，很多时候都是人类所赋予的人性化的动物形象。作为人类生存的伙伴，它们同样拥有不易为人类察觉的深厚情感。在《西顿动物故事集》中，作者尽量还原动物世界的原貌。在这里，动物不再被赋予人类的情感，而是更加像动物本身，它们为了食物而不择手段，为了幼兽而奋不顾身，为了生存而拼命奔跑……它们抛开被人类所赋予的高贵、仁慈、善良的标签，更多地展现出动物世界中最真实的原貌。

本书文笔精练，语言质朴，情节跌宕起伏。故事中动物形象个性鲜明，感情充沛，伴随着故事的不断推进，将动物与人类、动物之间的矛盾与冲突展露无遗，使每一个阅读的人重新审视动物与人类之间的相处之道。同时，书中还辅以大量精美的动物绘画，加深读者在阅读过程中对文本内容的理解与体验，并从中渐渐领悟，每一个生灵都是自然的选择，学会尊重并善待自然中的每一个生灵。

阅读推广建议：

作品感情深厚，节奏紧凑，适合于图书馆开展"人类与自然""动物之美"等主题阅读会使用，或设立动物小说阅读专架，同时配合相关的阅读活动，培养孩子从小热爱大自然，增强保护动物的意识。

阅读年龄： 11—15 岁

穿越时空的港口

作　　者：（英）安妮·米勒德 著；（英）史蒂
　　　　　夫·努恩 绘；杜倩，应世澄 译
出 版 社：中国大百科全书出版社
出版时间：2013 年 11 月
　ISBN：978-7-5000-9269-8

图书导赏：

　　本书描绘从古代贸易到现代海港，从古代狩猎到现代生活的人类社会发展史。本书以时间发展为线索，以港口发展为表现形式，展示了不同时期的港口经济与人类生活。从石器时代开始，历经古罗马、工业时代、经济大萧条等世界重要时间节点，直至现代。将不同时期、不同阶层的人物形象通过港口这一特定地点铺陈开来，细腻且真实地再现了从古代到现代，从原始生活到现代贸易的社会发展。画面中人物生动鲜活，形态各异。为增强阅读内容的准确性与趣味性，对知识点或缩微图以问答或讲述的方式辅以说明，强化了读者在阅读过程中的交互性，有利于读者的阅读现实体验。

　　本书同《DK 儿童穿越时空百科全书 · 穿越时空的街道》《DK 儿童穿越时空百科全书 · 穿越时空的城市》《DK 儿童穿越时空百科全书 · 穿越时空的尼罗河》共同组成了《DK 儿童穿越时空百科全书》，由中国大百科全书出版社与英国 DK 公司共同联袂打造，书中画面精美，画风细腻写实，采用全景表现手法进行画面展示，力求实现画面的真实立体，增强阅读过程中的体验感。该书一经推出，便获得了国际学校图书馆学会最佳社科类书籍、美国儿童图书协会 / 美国科学教师协会杰出科学童书、英国《今日历史月刊》年度童书奖等诸多国际奖项，是一本了解人类社会发展的优秀读本。

阅读推广建议：

　　该书适合图书馆进行科普阅读讲述时使用，或以"人类发展史""穿越时空系列"等内容进行专架展示。

阅读年龄：7—12 岁

光和声音的赛跑

作　　者：（日）加古里子 著；（日）田畑精一 绘；
　　　　　肖潇 译

出 版 社：北京科学技术出版社

出版时间：2013 年 4 月

ISBN：978-7-5304-6322-2

图书导赏：

想让学龄前儿童了解光速和声速并不是一件容易的事，然而本书的作者却巧妙地运用绘画与拟人化的故事使一个深奥的科学原理变成通俗易懂的故事。作者将光和声音拟人化、形象化，并与儿童日常生活场景联系起来。透过烟花和闪电等儿童生活当中已有的经验，运用儿童的语言和思维方式进行生动形象的分析，深入浅出，引导儿童进行观察和思索。本绘本形式活泼、充满童趣，却不失科学的严谨性。在轻松愉悦的氛围中向儿童阐述科学常识，同时引导儿童培养善于思考的科学素养。

《光和声音的赛跑》是"加古里子儿童科学绘本"系列丛书之一，该系列共有 10 本。分别讲述了宇宙、动物、植物、地质、化学、物理、材料、力学、几何、技术、历史方面的科学知识，从不同的科学领域激发儿童的科学兴趣。作者的画风质朴可爱，用简明的笔触将复杂的科学原理生动地呈现出来，被誉为"画出来的科学"。该系列丛书为 16 开本的薄册，文字阅读量较少，适合作为低幼儿童的科学启蒙绘本。

阅读推广建议：

本书内容生动有趣，图书馆可将其作为故事会的讲读内容进行推荐使用。

阅读年龄：4—8 岁

顶级儿童百科

作　　者：（加）艾伦戴尔　著；姜超等　译
出 版 社：晨光出版社
出版时间：2013 年 1 月
　ISBN：978-7-5414-4707-5

图书导赏：

在儿童的眼中，世界是新奇的，是带着无数个问号的奇幻所在。《顶级儿童百科》很好地将儿童较为感兴趣的话题进行了整理与解释。本书通过浩瀚星际、地球家园、奇异自然、生命世界、恐龙时代 5 个章节的设计，将大量的信息加以整合，对各领域的重点知识进行了详细介绍。

全书文字精炼，图片精美，知识点突出，为了使科普知识不至于晦涩难懂，部分章节还特意将童话故事或神话传说等作为开篇引入语，有益于拉近小读者与图书的心理距离，便于其知识点的接收。书中画面场景开阔，构图精美，通过五彩缤纷世界的展现，激发儿童在阅读过程中的探索兴趣，增强儿童在阅读过程中的惊喜体验，从而达到开阔儿童视野，增强儿童见识的目的。为加强本书的查检性，在图书的最后，还特意增加了索引目录，便于读者在阅读过程中的查询使用，增强了本书的工具性。

本书由来自英国、美国等多国专家学者组成的团队倾心打造，专业知识雄厚，图书制作精良。儿童在阅读的过程中，在获取感兴趣知识点的同时，还可以同时感受到浩瀚星际之美，地球家园之丽，奇幻自然之异，生命世界之趣和恐龙世界之谜。

阅读推广建议：

本书是一本优秀的儿童科普百科全书，适合图书馆作为百科全书专架推荐使用。

阅读年龄：7—10 岁

高速铁路

作　　者：崔金泰　著；黄驰衡　绘
出 版 社：北京师范大学出版社
出版时间：2013 年 3 月
ISBN：978-7-3031-4662-8

图书导赏：

高铁作为百姓生活中的常见交通工具，为居民提供便捷交通的同时，同样成为中国的骄傲。我国的高速铁路建设始于 2004 年的中国铁路长远规划，历经 10 年的发展，先后实现 6 次大提速，目前，已逐步绘就成"四纵四横"的高速铁路交通网络新格局。我国也因此成为世界上高速铁路发展最快、系统技术最全、集成能力最强、运营里程最长、运营速度最高、在建规模最大的国家。不断完善的高速铁路交通网为人们的出行带来了极大便捷。

在《高速铁路》一书中，作者详细地介绍了我国高速铁路的诞生与发展、运行原理以及运行特点等，较为全面地将高铁这一神秘交通工具通过透视的手法，展现在大众面前。全书语言简洁、通俗易懂、知识性强，通过大量的漫画插图，加深了读者对书中知识点的了解与掌握。

《高速铁路》是"让中国孩子骄傲的创新科技丛书"系列的一册，这套图书用浅显易懂的文字和生动幽默的图片讲述了我国领先的科学技术，其中包括高速铁路、智能机器人、农业、桥梁和隧道、沙漠治理、太空探测、激光、新能源等。通过阅读该系列丛书，小读者不仅了解了我国各界科技创新成果，同时也激发了学习科学技术的浓厚兴趣，并由衷地体会到身为中国人的自豪感。

阅读推广建议：

本书是一本增强儿童心理自豪感的科普读物，适合图书馆作为科普知识活动配套使用，或用于主题专架展示使用。

阅读年龄： 7—12 岁

少儿百科全书 · 经济

作　　者：（韩）石惠媛　著；（韩）金英朗　绘；
　　　　　李炳未　译
出 版 社：电子工业出版社
出版时间：2012 年 1 月
　ISBN：978–7–1211–5248–1

图书导赏：

　　我们的生活充满了各种各样的经济活动，每个人都与经济有着千丝万缕的联系。经济作为一个专业领域的知识，对于小学生而言，恐怕不是容易掌握的。然而本书作者却从微观和宏观两个角度，借助儿童在社会实践中与经济有关的内容，分主题进行整理与介绍，运用现实生活中常见的物品、经济术语、经济活动等，分解经济概念，通过儿童人物及儿童语言的设计，深入浅出，引导儿童逐渐了解经济活动，并帮助其从小树立起正确的经济意识，养成合理消费的生活习惯。

　　《少儿百科全书》全套共分为经济、地球科学、生物、物理和化学 4 册，有别于传统的百科全书读物，从读者的角度出发，介绍各类百科知识，传达了"易学、趣味"的理念。全书配有大量的插图和照片，用动漫图解和丰富的实例，一目了然地让儿童轻松掌握科学知识。同时，文中还收录了各种趣味实验，启发孩子们在思考和实践中不断提高科学素养。

阅读推广建议：

　　本书可作为图书馆"经济图书"专架展示，或者作为课堂班会讨论使用。

阅读年龄：7—10 岁

附录

入选出版社名录

北京市（168 个）

北京出版集团有限责任公司
联系电话：010-58572323
联系地址：北京市北三环中路 6 号
邮编：100120

北京出版社
联系电话：010-62013122
联系地址：北京市北三环中路 6 号
邮编：100011
邮箱：geo@bphg.com.cn

北京大学出版社
联系电话：010-62752032
联系地址：北京市海淀区成府路 205 号
邮编：100871
邮箱：zpup@pup.cn

北京工业大学出版社有限责任公司
联系电话：010-67391722
联系地址：北京市朝阳区平乐园 100 号
邮编：100124
邮箱：bgdchbsh@163.com

北京科学技术出版社有限公司
联系电话：010-66134862
联系地址：北京市西直门南大街 16 号
邮编：100035
邮箱：bkjpress1981@163.com

北京理工大学出版社有限责任公司
联系电话：010-68913944
联系地址：北京市海淀中关村南大街 5 号
邮编：100081

北京联合出版有限责任公司
联系电话：010-64251790

联系地址：北京市西城区德外大街 83 号楼 901
室（德胜园区）
邮编：100088

北京蒲蒲兰绘本馆
联系电话：010-58690673
联系地址：北京市朝阳区东三环中路 39 号建外
SOHO13 号楼 1362 号
邮编：100022

北京少年儿童出版社
联系电话：010-58572553
联系地址：北京市北三环中路 6 号
邮编：100011
邮箱：geo@bphg.com.cn

北京师范大学出版集团
联系电话：010-58808007
联系地址：北京市新街口外大街 19 号
邮编：100875

北京十月文艺出版社
联系电话：010-58572205
联系地址：北京市北三环中路 6 号
邮编：100011

北京体育大学出版社
联系电话：010-62989437
联系地址：北京市海淀区信息路 48 号
邮编：100084

北京燕山出版社
联系电话：010-65240430
联系地址：北京市宣武区陶然亭路 53 号
邮编：100054
邮箱：hzhangys@126.com

北京语言大学出版社（原北京语言学院出版社）
联系电话：010-82303391
联系地址：北京市海淀区学院路 15 号
邮编：100083
邮箱：chengcheng@blcu.edu.cn

兵器工业出版社有限责任公司
联系电话：010-68962544
联系地址：北京市海淀区车道沟 10 号
邮编：100089
邮箱：PHOI@net.com.cn

测绘出版社
联系电话：010-68531373
联系地址：北京市西城区三里河路 50 号
邮编：100045

长征出版社
联系电话：010-66720012
联系地址：北京市西城区阜外大街 34 号
邮编：100832

朝花少年儿童出版社
联系电话：010-65122375
联系地址：北京市东城区北总布胡同 32 号
邮编：100707

朝华出版社有限责任公司
联系电话：010-68433090
联系地址：北京西城区百万庄大街 24 号 4 号楼
邮编：100037
邮箱：2005faxing@163.com

大众文艺出版社
联系电话：010-64064109

联系地址：北京市朝阳区农展馆南里 10 号五层
邮编：100125

当代世界出版社
联系电话：010-83908400
联系地址：北京市复兴路 4 号
邮编：100860
邮箱：idcpc_worldpress@126.com

当代中国出版社
联系电话：010-66572131
联系地址：北京市西城区地安门西大街旌勇里
　　　　　8 号
邮编：100009
邮箱：ddzgcbs@sina.com

党建读物出版社
联系电话：010-58305925
联系地址：北京市西城区南横东街 6 号
邮编：100052
邮箱：djdwcbs@263.net

地震出版社
联系电话：010-68423028
联系地址：北京市海淀区民族大学南路 9 号
邮编：100081
邮箱：seis@ht.rol.cn.net

电子工业出版社
联系电话：010-88258888
联系地址：北京市万寿路南口金家村 288 号华
　　　　　信大厦
邮编：100036

东方出版社
联系电话：010-65255712
联系地址：北京市东城区朝内大街 166 号
邮编：100705

法律出版社
联系电话：010-63939621

联系地址：北京丰台区莲花池西里 7 号
邮编：100073
邮箱：rlzyb@lawpress.com.cn

高等教育出版社
联系电话：010-58581118
联系地址：北京西城区德外大街 4 号
邮编：100120
邮箱：gjdzfwb@pub.hep.cn

光明日报出版社
联系电话：010-67078254
联系地址：北京市崇文区珠市口东大街 5 号
邮编：100062

国际文化出版公司
联系电话：010-64270995
联系地址：北京市朝阳区东土城路乙 9 号
邮编：1000013
邮箱：icpc@95777.sina.net

国家图书馆出版社（原北京图书馆出版社）
联系电话：010-66126146
联系地址：北京市西城区文津街 7 号
邮编：100034
邮箱：yingxiaochn@126.com

海豚出版社
联系电话：010-68998879
联系地址：北京市西城区百万庄大街 24 号
邮编：100037
邮箱：Dolphin_books@163.com

海洋出版社
联系电话：010-62114335
联系地址：北京市海淀区大慧寺路 8 号
邮编：100081

航空工业出版社
联系电话：010-64918415
联系地址：北京市安定门外小关东里 14 号

邮编：100029

红旗出版社有限责任公司
联系电话：010-64037141
联系地址：北京市东城区北河沿大街甲 83 号
邮编：100727

华龄出版社
联系电话：010-84031601
联系地址：北京西城区鼓楼西大街 41 号
邮编：100009

华文出版社
联系电话：010-58336262
联系地址：北京市宣武区广安门外大街 305 号 8
　　　　　区 2 号楼
邮编：100055
邮箱：baobaobao6580@sina.com

华夏出版社
联系电话：010-64663331
联系地址：北京市东直门外香河园北里 4 号
邮编：100028
邮箱：huaxiaph@sohu.com

华艺出版社
联系电话：010-82885151
联系地址：北京市北四环中路 229 号海泰大厦
　　　　　10 层
邮编：100191

化学工业出版社
联系电话：010-64518855
联系地址：北京市东城区青年湖南街 13 号
邮编：100011

机械工业出版社
联系电话：010-88379998
联系地址：北京市百万庄大街 22 号
邮编：100037
邮箱：cmpbook@vip.163.com

教育科学出版社
联系电话：010-64989585
联系地址：北京市朝阳区安慧北里安园甲 9 号
邮编：100101
邮箱：bgs@esph.com.cn

接力出版社
联系电话：010-65547971
联系地址：北京市东城区东中街 58 号美惠大厦
　　　　　3 单元 1201 室
邮编：100027
邮箱：Jielizbs@sina.com

解放军出版社
联系电话：010-66733758
联系地址：北京市西城区地安门西大街 40 号
邮编：100035

解放军文艺出版社
联系电话：010-62172564
联系地址：北京市中关村南大街 28 号
邮编：100081
邮箱：jfjwycbs@public.bta.net.cn

金城出版社
联系电话：010-64228516
联系地址：北京市朝阳区和平街 11 区 37 号楼
邮编：100013

金盾出版社
联系电话：010-68276681
联系地址：北京市太平路 5 号
邮编：100036
邮箱：jdfxb@jdcbs.com.cn

京华出版社
联系电话：010-64258472
联系地址：北京市安定门外安华西 1 区 13 号楼
邮编：100011

经济日报出版社

联系电话：010-63567684
联系地址：北京市宣武区右安门内大街 65 号
邮编：100054

警官教育出版社
联系电话：010-83903460
联系地址：北京市西城区木樨地南里甲一号
邮编：100038
邮箱：cpep@public.bta.net.cn

九州出版社
联系电话：010-68990070
联系地址：北京市西城区阜外大街甲 35 号
邮编：100037

军事科学出版社
联系电话：010-66767369
联系地址：北京市海淀区青龙桥军事科学院
邮编：100091

军事谊文出版社
联系电话：010-66747981
联系地址：北京市安定门外黄寺大街乙 1 号
邮编：100120

科学出版社
联系电话：010-64033984
联系地址：北京市东黄城根北街 16 号
邮编：100717

科学技术文献出版社
联系电话：010-58882938
联系地址：北京市海淀区复兴路 15 号
邮编：100038

科学普及出版社
联系电话：010-62176522
联系地址：北京市中关村南大街 16 号
邮编：100081

昆仑出版社

联系电话：010-66733758
联系地址：北京市西城区地安门西大街 40 号
邮编：100035

蓝天出版社
联系电话：010-66988132
联系地址：北京市复兴路 14 号
邮编：100843

连环画出版社
联系电话：010-65122371
联系地址：北京市东城区北总布胡同 32 号
邮编：100735

龙门书局
联系电话：010-64034543
联系地址：北京市东皇城根北街 16 号
邮编：100011

旅游教育出版社
联系电话：010-65757795
联系地址：北京市朝阳区定福庄南里 1 号
邮编：100024

民主与建设出版社
联系电话：010-85698051
联系地址：北京市朝阳区吉祥里 208 号
邮编：100020

民族出版社
联系电话：010-64212794
联系地址：北京市东城区和平里北街 14 号
邮编：100013

农村读物出版社
联系电话：010-65005894
联系地址：北京市朝阳麦子店街 18 号
邮编：100125

气象出版社
联系电话：010-68407112

联系地址：北京市海淀区中关村南大街 46 号
邮编：100081
邮箱：qxcbs@263.net

清华大学出版社有限公司
联系电话：010-62776969
联系地址：北京市海淀区双清路学研大厦 A 座
邮编：100084

求真出版社
联系电话：010-83190636
联系地址：北京市西城区太平街甲 6 号
邮编：100050

群言出版社
联系电话：010-65265404
联系地址：北京市东城区东厂胡同北巷 1 号
邮编：100006
邮箱：qunyancbs@126.com

群众出版社
联系电话：010-52173000
联系地址：北京市丰台区方庄芳星园三区 15 号楼
邮编：100078
邮箱：qzcbs@sohu.com

人民出版社
联系电话：010-65251359
联系地址：北京市东城区隆福寺街 9 号鑫隆基
　　　　　大厦
邮编：100706

人民交通出版社
联系电话：010-85285974
联系地址：北京市朝阳区安定门外外馆斜街 3 号
邮编：100101

人民教育出版社
联系电话：010-58758866
联系地址：北京市海淀区中关村南大街 17 号院
　　　　　1 号楼

邮编：100081
邮箱：pep@pep.com.cn

人民美术出版社
联系电话：010-65122371
联系地址：北京市东城区北总布胡同 32 号
邮编：100735

人民日报出版社
联系电话：010-65369511
联系地址：北京市朝阳区金台西路 2 号
邮编：100733

人民体育出版社
联系电话：010-67117673
联系地址：北京市崇文区体育馆路 8 号
邮编：100061

人民卫生出版社
联系电话：010-59787011
联系地址：北京朝阳区潘家园南里 19 号世界医
　　　　　药图书大厦 B 座
邮编：100021

人民文学出版社有限公司
联系电话：010-65235051
联系地址：北京市朝内大街 166 号
邮编：100705
邮箱：renwenshe@126.com

人民音乐出版社
联系电话：010-58110656
联系地址：北京市朝阳门内大街甲 55 号
邮编：100010

人民邮电出版社
联系电话：010-67171154
联系地址：北京市崇文区夕照寺街 14 号 A 座
邮编：100061

商务印书馆有限公司

联系电话：010-65252026
联系地址：北京市王府井大街 36 号
邮编：100710

社会科学文献出版社
联系电话：010-59367032
联系地址：北京市西城区北三环中路甲 29 号院
　　　　　3 号楼
邮编：100029
邮箱：shekewenxian@vip.sina.com

生活·读书·新知三联书店
联系电话：010-64002726
联系地址：北京市美术馆东街 22 号
邮编：100010
邮箱：sanlianshudian@126.com

石油工业出版社有限公司
联系电话：010-64523502
联系地址：北京市朝阳安外安华里二区 1 号楼
邮编：100011

世界图书出版公司北京公司
联系电话：010-64038346
联系地址：北京市朝内大街 137 号
邮编：100010

世界知识出版社
联系电话：010-65232695
联系地址：北京市东城区干面胡同 51 号
邮编：100010
邮箱：wappress@vip.sina.com

北京首都师范大学出版社有限责任公司
联系电话：010-68418523
联系地址：北京市西三环北路 105 号
邮编：100048

台海出版社
联系电话：010-64045799
联系地址：北京市东城景山东街 20 号

邮编：100009

天天出版社
联系电话：010-54167025
联系地址：北京市东城区东直门外东中街 42 号
邮编：100027

北京同心出版社有限公司
联系电话：010-65262036
联系地址：北京市东城区东单三条 8-16 号东方
　　　　　广场东配楼 4 层
邮编：100005
邮箱：txcbszbs@bjd.com.cn

团结出版社
联系电话：010-65228880
联系地址：北京市东城区东皇城根南街 84 号
邮编：100006
邮箱：65244790@tjpress.com

外文出版社
联系电话：010-68326010
联系地址：北京市西城区百万庄大街 24 号
邮编：100037

外语教学与研究出版社有限责任公司
联系电话：010-88819336
联系地址：北京市海淀区西三环北路 19 号外研
　　　　　社大厦
邮编：100089
邮箱：service@fltrp.com

文化艺术出版社
联系电话：010-84057658
联系地址：北京市东城区东四八条 52 号
邮编：100700
邮箱：whysbooks@263.net

文物出版社
联系电话：010-84007100
联系地址：北京市东直门内北小街 2 号楼

邮编：100007

五洲传播出版社
联系电话：010-58880170
联系地址：北京市海淀区莲花池东路北小马厂
　　　　　6 号
邮编：100038

西苑出版社
联系电话：010-688637122
联系地址：北京市海淀区阜石路 15 号
邮编：100143

现代出版社有限公司
联系电话：010-64257481
联系地址：北京市安外安华里 504 号 C 座 4 层
邮编：100011

现代教育出版社
联系电话：010-64251256
联系地址：北京市安定门外安华里 504 号 E 座
邮编：100011

新华出版社
联系电话：010-63073021
联系地址：北京市石景山区京原路 8 号
邮编：100040
邮箱：xhbg@xinhuanet.com

新时代出版社
联系电话：010-88540508
联系地址：北京市海淀区紫竹院南路 23 号
邮编：100044

新世界出版社
联系电话：010-68327577
联系地址：北京市阜成门外百万庄大街 24 号
邮编：100037
邮箱：nwpcn@public.bta.net.cn

新星出版社

联系电话：010-65270477
联系地址：北京市西城区车公庄大街丙 3 号
邮编：100044
邮箱：newstar@newstarpress.com

学习出版社
联系电话：010-66063020
联系地址：北京市崇文区崇文门大街 11 号新成
　　　　　文化大厦 B 座 11 层
邮编：100062

学苑出版社
联系电话：010-67609986
联系地址：北京市丰台区南方庄 2 号院 1 号楼
邮编：100079

印刷工业出版社有限公司
联系电话：010-88275602
联系地址：北京市海淀区翠微路 2 号
邮编：100036

人民邮电童趣出版社
联系电话：010-84180488
联系地址：北京市东城区交道口菊儿胡同 7 号院
邮编：100009

禹田文化传媒有限责任公司
联系电话：010-88356823
联系地址：北京市海淀区西三环北路 91 号国图
　　　　　文化大厦五层 E01 号
邮编：100048

语文出版社
联系电话：010-65253954
联系地址：北京市朝阳门内南小街 51 号
邮编：100010

知识出版社
联系电话：010-88390642
联系地址：北京市阜成门北大街 17 号
邮编：100037

中共党史出版社
联系电话：010-64925312
联系地址：北京市朝阳区安外小关东里 10 号院
邮编：100091

中共中央党校出版社
联系电话：010-62805800
联系地址：北京市海淀区大有庄 100 号
邮编：100091

中国藏学出版社
联系电话：010-64917618
联系地址：北京市北四环东路 131 号
邮编：100101

中国城市出版社
联系电话：010-63454857
联系地址：北京市西城区广安门南街甲 30 号
邮编：100053
邮箱：citypress@sina.com

中国大百科全书出版社
联系电话：010-88390642
联系地址：北京市阜成门北大街 17 号
邮编：100037

中国大地出版社
联系电话：010-82324519
联系地址：北京市海淀区学院路 31 号
邮编：100083

中国档案出版社
联系电话：010-83171096
联系地址：北京市宣武区永安路 106 号
邮编：100050

中国地图出版社
联系电话：010-63529243
联系地址：北京市宣武区白纸坊西街 3 号
邮编：100055

中国电力出版社
联系电话：010-63412505
联系地址：北京市东城区北京站西街 19 号
邮编：100005

中国电影出版社
联系电话：010-64296664
联系地址：北京市北三环东路 22 号
邮编：100013

中国对外翻译出版公司
联系电话：010-68002490
联系地址：北京市西城区车公庄大街物华大厦
　　　　　6 层
邮编：100044

中国法制出版社
联系电话：010-66012216
联系地址：北京市西城区西单横二条 2 号
邮编：100031
邮箱：cbs@chinalaw.gov.cn

中国纺织出版社
联系电话：010-64168240
联系地址：北京市东直门南大街 6 号
邮编：100027

中国妇女出版社
联系电话：010-65228806
联系地址：北京市东城史家胡同甲 24 号
邮编：100010

中国工人出版社
联系电话：010-62005025
联系地址：北京市东城区鼓楼外大街 45 号
邮编：100120
邮箱：wp49@163.com

中国广播电视出版社
联系电话：010-86093580
联系地址：北京市复兴门外真武庙二条 9 号

邮编：100045
邮箱：wangbo801@sina.com

中国国际广播出版社
联系电话：010-83139037-8605
联系地址：北京市宣武区西便门西里 10 号
邮编：100866

中国和平出版社有限责任公司
联系电话：010-84026173
联系地址：北京市西城区鼓楼西大街 154 号
邮编：100009

中国华侨出版社
联系电话：010-64443050
联系地址：北京市朝阳区静安里 26 号
邮编：100029

中国画报出版社
联系电话：010-88417359
联系地址：北京市海淀区花园村车公庄西路 33 号
邮编：100048

中国环境科学出版社
联系电话：010-67112757
联系地址：北京市东城区广渠门内大街 16 号
邮编：100062
邮箱：hjcbw@cesp.com

中国计量出版社
联系电话：010-64275360
联系地址：北京市朝阳区和平里西街甲 2 号
邮编：100013
邮箱：zgjlcbs@zgjl.com.cn

中国经济出版社
联系电话：010-68319418
联系地址：北京西城百万庄北街 3 号
邮编：100037

中国劳动社会保障出版社

联系电话：010-64911180
联系地址：北京市朝阳区惠新东街 1 号
邮编：100029
邮箱：info@class.com.cn

中国林业出版社
联系电话：010-83227224
联系地址：北京市西城区德内大街刘海胡同 7 号
邮编：100009

中国旅游出版社
联系电话：010-65136283
联系地址：北京市建国门内大街甲 9 号
邮编：100005

中国盲文出版社
联系电话：010-83190636
联系地址：北京市西城区太平街甲 6 号
邮编：100072

中国民主法制出版社有限公司
联系电话：010-63292541
联系地址：北京市丰台区右安门外玉林里 7 号
邮编：100069

中国民族摄影艺术出版社
联系电话：010-84250639
联系地址：北京市东城和平里北街 14 号（国家
民委新闻出版大楼）
邮编：100013

中国青年出版社
联系电话：010-57350312
联系地址：北京市东城东四 12 条 21 号
邮编：100708

中国轻工业出版社
联系电话：010-85113431
联系地址：北京市东长安街 6 号
邮编：100740
邮箱：jibianbu@chlip.com.cn

中国人口出版社
联系电话：010-83519392
联系地址：北京市西城区广安门南街 80 号中加
大厦
邮编：100054

中国人民大学出版社有限公司
联系电话：010-62516586
联系地址：北京市海淀区中关村大街 31 号
邮编：100080

中国人民公安大学出版社
联系电话：010-83903460
联系地址：北京市西城区木樨地南里甲一号
邮编：100038

中国人事出版社
联系电话：010-64911489
联系地址：北京市朝阳区惠新东街 1 号
邮编：100029

中国少年儿童新闻出版总杜
联系电话：010-57526009
联系地址：北京市朝阳区建国门外大街丙 12 号楼
邮编：100022

中国社会出版社
联系电话：010-66078621
联系地址：北京市西城区二龙路甲 33 号新龙大
厦 4 层
邮编：100032

中国社会科学出版社
联系电话：010-64031534
联系地址：北京市鼓楼西大街甲 158 号
邮编：100720

中国时代经济出版社
联系电话：010-88361302
联系地址：北京市西直门外北礼士路 54 号
邮编：100044

中国书籍出版社
联系电话：010-52257143
联系地址：北京市丰台区三路居路 97 号
邮编：100073

中国水利水电出版社
联系电话：010-68545919
联系地址：北京市海淀区玉渊潭南路 1 号 D 座
邮编：100038

中国铁道出版社
联系电话：010-63549461
联系地址：北京市西城区右安门西街 8 号
邮编：100054

中国文联出版社
联系电话：010-65389136
联系地址：北京市农展馆南路 10 号
邮编：100125

中国物资出版社
联系电话：010-68392746
联系地址：北京市西城区月坛北街 25 号
邮编：100834

中国戏剧出版社
联系电话：010-58930228
联系地址：北京市海淀区紫竹院路 116 号嘉豪
　　　　　国际中心 A 座 10 层
邮编：100097

中国友谊出版公司
联系电话：010-64678009
联系地址：北京市朝阳区西坝河南里 17 号楼
邮编：100028

中国宇航出版有限责任公司
联系电话：010-68768547
联系地址：北京市海淀区阜成路 14 号
邮编：100048
邮箱：caphzbs@126.com

中航出版传媒有限责任公司
联系电话：010-84936593
联系地址：北京市安定门外北苑 2 号院
邮编：100012

中国言实出版社
联系电话：010-64963106
联系地址：北京市朝阳区北苑路 180 号加利大
　　　　　厦 E 座 105-106
邮编：100101

中国致公出版社
联系电话：010-82259658
联系地址：北京市海淀区牧丹园北里甲 2 号市
　　　　　政投资商务楼
邮编：100191

中华书局有限公司
联系电话：010-63458236
联系地址：北京市丰台区太平桥西里 38 号
邮编：100073

中信出版股份有限公司
联系电话：010-84849555
联系地址：北京市朝阳区惠新东街甲 4 号富盛
　　　　　大厦 2 座
邮编：100029

中央编译出版社
联系电话：010-52612349
联系地址：北京市西城区车公庄大街乙 5 号鸿
　　　　　儒大厦 B 座
邮编：100044

中央民族大学出版社
联系电话：010-68932218
联系地址：北京市海淀区中关村南大街 27 号
邮编：100081

中央文献出版社
联系电话：010-63095931

联系地址：北京市西城区西四北大街前毛家湾
　　　　　1 号

邮编：100017

作家出版社

联系电话：010-65004079

联系地址：北京市朝阳区农展馆南里 10 号文联
　　　　　大楼 4 层

邮编：100125

人民军医出版社

联系电话：010-51927300

联系地址：北京市复兴路 22 号 75 号楼

邮编：100036

中华工商联合出版社

联系电话：010-58301130

联系地址：北京西城区西环广场 A 座 19 层 /
　　　　　20 层

邮编：100044

首都经济贸易大学出版社

联系电话：010-65071505

联系地址：北京市朝阳区红庙首都经济贸易大
　　　　　学出版社

邮编：100026

邮箱：publish@cueb.edu.cn

上海市（30 个）

上海文汇出版社有限公司

联系电话：021-52921234

联系地址：上海市威海路 755 号

邮编：200041

邮箱：whcbs@wxjt.com.cn

上海人民出版社

联系电话：021-53594508

联系地址：上海市福建中路 193 号

邮编：200001

邮箱：spphmb@online.sh.cn

上海书店出版社

联系电话：021-63914541

联系地址：上海市福建中路 193 号

邮编：200001

邮箱：shsdsj@yahoo.cn

上海译文出版社

联系电话：021-63914811

联系地址：上海市福建中路 193 号

邮编：200001

邮箱：info@yiwen.com.cn

上海人民美术出版社

联系电话：021-54035088

联系地址：上海市长乐路 672 弄 33 号

邮编：200040

上海书画出版社

联系电话：021-61229021

联系地址：上海市延安西路 593 号

邮编：200050

邮箱：webmaster@duoyunxuan.com

上海文化出版社

联系电话：021-64372608

联系地址：上海市绍兴路 74 号

邮编：200020

上海文艺出版社

联系电话：021-64372608

联系地址：上海市绍兴路 74 号

邮编：200020

世界图书出版上海有限公司

联系电话：021-36357900

联系地址：上海市虹口区广中路 88 号 9-10 层

邮编：200083

上海远东出版社

联系电话：021-62347733

联系地址：上海市仙霞路 357 号

邮编：200336
邮箱：ydbook@sina100.com

东方出版中心
联系电话：021-62417400
联系地址：上海市仙霞路 345 号
邮编：200336

华东师范大学出版社有限公司
联系电话：021-60760555
联系地址：上海市中山北路 3663 号
邮编：200062

上海辞书出版社
联系电话：021-62472088
联系地址：上海市陕西北路 457 号
邮编：200040

上海科学普及出版社
联系电话：021-66613260
联系地址：上海市中山北路 832 号
邮编：200070

少年儿童出版社
联系电话：021-62823136
联系地址：上海市延安西路 1538 号
邮编：200052
邮箱：webmaster@jcph.com

上海社会科学院出版社有限公司
联系电话：021-53060606
联系地址：上海市淮海中路 622 弄 7 号
邮编：200020

上海医科大学出版社
联系电话：021-64042261
联系地址：上海市医学院路 138 号
邮编：200032

上海交通大学出版社
联系电话：021-64073126

联系地址：上海市徐汇区番禺路 951 号
邮编：200030
邮箱：zong@sjtu.edu.cn

上海科技教育出版社
联系电话：021-64367970
联系地址：上海市冠生园路 393 号
邮编：200235

上海古籍出版社
联系电话：021-64370011
联系地址：上海市瑞金二路 272 号
邮编：200020

上海音乐出版社
联系电话：021-64375066（总机）
联系地址：上海市卢湾区绍兴路 7 号
邮编：200020

上海教育出版社
联系电话：021-64377165
联系地址：上海市永福路 123 号
邮编：200031

学林出版社
联系电话：021-64519008
联系地址：上海市文庙路钦州南路 81 号
邮编：200235

上海科学技术文献出版社有限公司
联系电话：021-54036563
联系地址：上海市长乐路 746 号
邮编：200040

中国福利会出版社
联系电话：021-64373790
联系地址：上海市常熟路 157 号
邮编：200031

第二军医大学出版社
联系电话：021-81870786

联系地址：上海市翔殷路 800 号
邮编：200433
邮箱：cbs_208@smmu.edu.cn

上海外语教育出版社
联系电话：021-65425300
联系地址：上海市大连西路 558 号
邮编：200083

复旦大学出版社有限公司
联系电话：021-65642854
联系地址：上海市国权路 579 号
邮编：200433
邮箱：shuju@fudanpress.com

上海财经大学出版社有限公司
联系电话：021-65904347
联系地址：上海市武东路 321 号乙
邮编：200434

同济大学出版社
联系电话：021-65981474
联系地址：上海市四平路 1239 号
邮编：200092

天津市（10 个）

天津古籍出版社有限公司
联系电话：022--23332699
联系地址：天津市和平区西康路 35 号
邮编：300051
邮箱：tjgjzbb@163.com

天津教育出版社有限公司
联系电话：022-23332419
联系地址：天津市和平区西康路 35 号
邮编：300051
邮箱：president@tjeph.com.cn

天津科学技术出版社有限公司
联系电话：022-23332402

联系地址：天津市和平区西康路 35 号
邮编：300051
邮箱：tjstp@sina.com

新蕾出版社（天津）有限公司
联系电话：022-23332422
联系地址：天津市和平区西康路 35 号
邮编：300051
邮箱：newbuds@public.tpt.tj.cn

百花文艺出版社（天津）有限公司
联系电话：022-23332656
联系地址：天津市和平区西康路 35 号
邮编：300051
邮箱：baihuazbb@sina.com

天津社会科学院出版社有限公司
联系电话：022-23366354
联系地址：天津市南开区迎水道 7 号
邮编：300191
邮箱：zrr58@163.com

南开大学出版社
联系电话：022-23502505
联系地址：天津市南开区卫津路 94 号
邮编：300071

天津人民出版社有限公司
联系电话：022-23332457
联系地址：天津市和平区西康路 35 号
邮编：300051

天津杨柳青画社有限公司
联系电话：022-28379185
联系地址：天津市河西区佟楼三合里 111 号
邮编：300074
邮箱：tlyq2002@Yahoo.com.cn

天津人民美术出版社有限公司
联系电话：022-58352925
联系地址：天津市和平区马场道 150 号

邮编：300050

重庆市（3个）

重庆大学出版社
联系电话：023-65102375
联系地址：重庆市沙坪坝正街 174 号
邮编：400030

西南师范大学出版社
联系电话：023-68860895
联系地址：重庆市北碚区天生路 2 号
邮编：400715

重庆出版社
联系电话：023-68898047
联系地址：重庆市长江二路 205 号
邮编：400016

河北省（7个）

河北少年儿童出版社有限责任公司
联系电话：0311-83055074
联系地址：河北省石家庄市中华南路 172 号
邮编：050051

河北科学技术出版社有限责任公司
联系电话：0311-88643259
联系地址：河北省石家庄市友谊北大街 330 号
邮编：050061

河北美术出版社有限责任公司
联系电话：0311-85915059
联系地址：河北省石家庄市和平西路新文里 8 号
邮编：050071

河北人民出版社有限责任公司
联系电话：0311-88641238
联系地址：河北省石家庄市友谊北大街 330 号
邮编：050061

花山文艺出版社有限责任公司
联系电话：0311-88643204
联系地址：河北省石家庄市友谊北大街 330 号
邮编：050061

河北教育出版社有限责任公司
联系电话：0311-88643527
联系地址：河北省石家庄市联盟路 705 号
邮编：050061
邮箱：hbep@hbep.com

河北大学出版社有限责任公司
联系电话：0312-5921800
联系地址：河北省保定市五四东路 180 号河北
　　　　　大学院内
邮编：071002

山西省（5个）

山西教育出版社
联系电话：0351-4729555
联系地址：太原市水西门街馒头巷 7 号
邮编：030012

山西人民出版社
联系电话：0351-4922146
联系地址：山西省太原市建设南路 21 号
邮编：030012
邮箱：rms@xxpmg.com

书海出版社
联系电话：0351-4922146
联系地址：山西省太原市建设南路 21 号
邮编：030012

希望出版社
联系电话：0351-4922249
联系地址：山西省太原市建设南路 15 号
邮编：030012

北岳文艺出版社有限责任公司

联系电话：0351-5628688
联系地址：山西省太原市并州南路 57 号
邮编：030012
邮箱：bys@sxpmg.com

内蒙古自治区（4 个）

内蒙古文化出版社
联系电话：0470-8223602
联系地址：内蒙古呼伦贝尔市海拉尔区河东新
　　　　　春街 4-3 号
邮编：021008

内蒙古人民出版社
联系电话：0471-4971659
联系地址：内蒙古呼和浩特新城区新华大街祥
　　　　　泰大厦
邮编：010010

内蒙古教育出版社
联系电话：0471-6608066
联系地址：内蒙古呼和浩特新城区新华东街 89
　　　　　号教育出版大厦
邮编：010010
邮箱：xxzx@im-eph.com.cn

内蒙古少年儿童出版社
联系电话：0475-8218320
联系地址：内蒙古通辽市科尔沁区霍林河大街
　　　　　312 号
邮编：028000

辽宁省（14 个）

白山出版社
联系电话：024-28888689
联系地址：辽宁省沈阳市沈河区二纬路 23 号
邮编：110033
邮箱：baishan867@163.com

春风文艺出版社

联系电话：024-23284029
联系地址：辽宁省沈阳市和平区十一纬路 25 号
邮编：110003

辽宁少年儿童出版社
联系电话：024-23284269
联系地址：辽宁省沈阳市和平区十一纬路 25 号
邮编：110003
邮箱：secbs@mail.lnpgc.com.cn

辽宁人民出版社
联系电话：024-23284331
联系地址：辽宁省沈阳和平区十一纬路 25 号
邮编：110003

辽宁民族出版社
联系电话：024-23284336
联系地址：辽宁省沈阳市和平区十一纬路 25 号
邮编：110003

辽宁科学技术出版社
联系电话：024-23284360
联系地址：辽宁省沈阳市和平区十一纬路 25 号
邮编：110003

辽宁教育出版社
联系电话：024-23284410
联系地址：辽宁省沈阳市和平区十一纬路 25 号
邮编：110003

万卷出版公司
联系电话：024-23284442
联系地址：辽宁省沈阳市和平区十一纬路 25 号
邮编：110003

辽海出版社
联系电话：024-23284478
联系地址：辽宁省沈阳市和平区十一纬路 2 5 号
邮编：110003

辽宁美术出版社

联系电话：024-23833829
联系地址：辽宁省沈阳和平区民族北街 29 号
邮编：110001

沈阳出版社
联系电话：024-24112447
联系地址：辽宁省沈阳沈河区南翰林路 10 号
邮编：110011

辽宁大学出版社
联系电话：024-86864613
联系地址：辽宁省沈阳皇姑区崇山中路 66 号
邮编：110036

大连出版社
联系电话：0411-83636176
联系地址：辽宁省大连市西岗区长白街 10 号
邮编：116011
邮箱：office@dl.mpm.cn

大连理工大学出版社
联系电话：0411-84706662
联系地址：辽宁省大连市软件园路 80 号科技园
　　　　　大厦 B 座
邮编：116023
邮箱：dutp@mail.dlptt.ln.cn

吉林省（13 个）

吉林摄影出版社
联系电话：0413-86012999
联系地址：吉林省长春市泰来街 1825 号
邮编：130062

吉林科学技术出版社
联系电话：0431-85635185
联系地址：吉林省长春市人民大街 4646 号
邮编：130021

时代文艺出版社
联系电话：0431-86012927

联系地址：吉林省长春市泰来街 1825 号
邮编：130062

吉林美术出版社
联系电话：0431-86037888
联系地址：吉林省长春市人民大街 4646 号
邮编：130021

东北师范大学出版社
联系电话：0431-85691668
联系地址：吉林省长春市净月经济开发区金宝
　　　　　街 118 号
邮编：130117

吉林人民出版社
联系电话：0431-85378001
联系地址：吉林省长春市人民大街 7548 号
邮编：130022

吉林出版集团
联系电话：0431-85621746
联系地址：吉林省长春市人民大街 4646 号
邮编：130021

吉林文史出版社
联系电话：0431-86037598
联系地址：吉林省长春市人民大街 4646 号
邮编：130021

吉林教育出版社
联系电话：0431-86888901
联系地址：吉林省长春市同志街 1991 号
邮编：130021

北方妇女儿童出版社
联系电话：0431-85644809
联系地址：吉林省长春市人民大街 4646 号
邮编：130021

吉林大学出版社
联系电话：0431-88498080

联系地址：吉林省长春市明德路 421 号
邮编：130021

长春出版社
联系电话：0431-88561181
联系地址：吉林省长春市建设街 1377 号
邮编：130061

延边人民出版社
联系电话：0433-2902102
联系地址：吉林省延吉市友谊路 363 号
邮编：133000

黑龙江省（9 个）

黑龙江少年儿童出版社有限责任公司
联系电话：0451-82314647
联系地址：黑龙江省哈尔滨市南岗区宣庆小区 8
　　　　　号楼
邮编：150090

黑龙江科学技术出版社
联系电话：0451-58930235
联系地址：黑龙江省哈尔滨市南岗区建设街 41 号
邮编：150090

黑龙江北方文艺出版社有限公司
联系电话：0451-53916010
联系地址：黑龙江省哈尔滨市道里区经纬街 26 号
邮编：150020

东北林业大学出版社
联系电话：0451-82190423
联系地址：黑龙江省哈尔滨香坊区哈平六道街
　　　　　6 号
邮编：150040

黑龙江人民出版社
联系电话：0451-82308054
联系地址：黑龙江省哈尔滨市南岗区黄河路 1
　　　　　号（宣庆小区 1 号楼）

邮编：150008

黑龙江教育出版社
联系电话：0451-82532136
联系地址：黑龙江省哈尔滨市南岗区花园街
　　　　　158 号
邮编：150001

黑龙江美术出版社
联系电话：0451-84270531
联系地址：黑龙江省哈尔滨市道里区安定街
　　　　　225 号
邮编：150016

黑龙江大学出版社
联系电话：0451-86604277
联系地址：黑龙江省哈尔滨市南岗区学府路 74 号
邮编：150080

哈尔滨出版社
联系电话：0451-87900272
联系地址：黑龙江省哈尔滨市松北区科技一街
　　　　　349 号
邮编：150028

江苏省（16 个）

江苏文艺出版社
联系电话：025-3242100-8181
联系地址：江苏省南京湖南路 47 号 8 楼
邮编：210009

江苏凤凰文艺出版社有限公司
联系电话：025-83280266
联系地址：江苏省南京市中央路 165 号 9 楼
邮编：210009

江苏教育出版社
联系电话：025-6634105
联系地址：江苏省南京市马家街 31 号
邮编：210009

江苏译林出版社有限公司
联系电话：025-83658306
联系地址：江苏省南京市湖南路 1 号
邮编：210009

江苏凤凰科学技术出版社
联系电话：025-86633229
联系地址：江苏省南京市湖南路 1 号 A 楼
邮编：210009

江苏凤凰美术出版社有限公司
联系电话：025-83361082
联系地址：江苏省南京市中央路 165 号出版大厦
邮编：210009

南京出版社有限公司
联系电话：025-83283883
联系地址：江苏省南京市汉口路 22 号
邮编：210093

江苏凤凰出版社有限公司
联系电话：025-86639310
联系地址：江苏省南京市中央路 165 号
邮编：210009

江苏凤凰少年儿童出版社有限公司（江苏少年儿童出版社）
联系电话：025-83241259
联系地址：江苏省南京市湖南路 1 号 A 楼 10F-12F
邮编：210009

东南大学出版社有限公司
联系电话：025-83795992
联系地址：江苏省南京市四牌楼 2 号
邮编：210096

江苏人民出版社有限公司
联系电话：025-83658113
联系地址：江苏省南京市湖南路 1 号 A 楼
邮编：210009

江苏大学出版社有限公司
联系电话：0511-84440022
联系地址：江苏省镇江市梦溪园巷 30 号
邮编：212003

古吴轩出版社有限公司
联系电话：0512-65238466
联系地址：江苏省苏州市十梓街 458 号
邮编：215006

苏州大学出版社有限公司
联系电话：0512-65222737
联系地址：江苏省苏州市十梓街 1 号 1481 信箱
邮编：215006

中国矿业大学出版社有限责任公司
联系电话：0516-83995789
联系地址：江苏省徐州市中国矿业大学（文昌校区）
邮编：221008

江苏科学技术出版社
联系电话：025-83273009
联系地址：南京市湖南路 47 号 11-13 楼
邮编：210009

浙江省（8 个）

浙江人民出版社
联系电话：0571-85061681
联系地址：浙江省杭州体育场路 347 号
邮编：310006

浙江教育出版社
联系电话：0571-88909753
联系地址：浙江省杭州市天目山路 40 号
邮编：310013

浙江文艺出版社
联系电话：0571-85170300
联系地址：浙江省杭州市体育场路 347 号

邮编: 310006

浙江人民美术出版社
联系电话: 0571-85170300
联系地址: 浙江省杭州市体育场路 347 号
邮编: 310006

西泠印社出版社
联系电话: 0571-87240396
联系地址: 浙江省杭州市西湖文化广场 32 号 5 楼
邮编: 310014

浙江大学出版社
联系电话: 0571-88273246
联系地址: 浙江省杭州市天目山路 148 号浙大
西溪校区
邮编: 310028

浙江少年儿童出版社
联系电话: 0571-88909801
联系地址: 浙江省杭州市天目山路 40 号
邮编: 310013

宁波出版社
联系电话: 0574-87248444
联系地址: 浙江省宁波市甬江大道 1 号宁波书
城 8 号楼 6 楼
邮编: 315040

安徽省（7 个）

黄山书社
联系电话: 0551-2657241
联系地址: 安徽省合肥市政务文化新区翡翠路
1118 号出版传媒广场 7 层
邮编: 230071

安徽人民出版社
联系电话: 0551-3533297
联系地址: 安徽省合肥市政务文化新区翡翠路
1118 号出版传媒广场八楼

邮编: 230071

安徽科学技术出版社
联系电话: 0551-3533316
联系地址: 安徽省合肥市政务文化新区圣泉路
1118 号出版传媒广场 9 楼
邮编: 230071

安徽少年儿童出版社
联系电话: 0551-3533522
联系地址: 安徽省合肥市政务文化新区圣泉路
1118 号出版传媒广场 11 楼
邮编: 230071

安徽美术出版社
联系电话: 0551-3533600
联系地址: 安徽省合肥市政务文化新区圣泉路
1118 号 14 楼
邮编: 230071

安徽文艺出版社
联系电话: 0551-3533801
联系地址: 安徽省合肥市翡翠路 1118 号出版传
媒广场 13 楼
邮编: 230071

安徽教育出版社
联系电话: 0551-3683001
联系地址: 安徽省合肥市经济技术开发区繁华
大道西路 398 号
邮编: 230601

福建省（7 个）

海峡文艺出版社有限责任公司
联系电话: 0591-87560384
联系地址: 福建省福州市东水路 76 号 14 层
邮编: 350001

福建教育出版社有限责任公司
联系电话: 0591-83726986

联系地址：福建省福州市鼓楼区梦山路 27 号
邮编：350001

海潮摄影艺术出版社
联系电话：0591-87515944
联系地址：福建省福州市东水路 76 号 12 层
邮编：350001

福建美术出版社有限责任公司
联系电话：0591-87533718
联系地址：福建省福州市东水路 76 号 16 层
邮编：350001

福建人民出版社有限责任公司
联系电话：0591-87561801
联系地址：福建省福州东水路 76 号 9-11 层
邮编：350001

福建少年儿童出版社有限责任公司
联系电话：0591-87607301
联系地址：福建省福州市东水路 76 号 17 层
邮编：350001

鹭江出版社
联系电话：0592-5046666
联系地址：福建省厦门市湖明路 22 号
邮编：361004

江西省（6 个）

百花洲文艺出版社
联系电话：0791-86894790
联系地址：江西省南昌市阳明路 310 号
邮编：330008
邮箱：bhz@bhzwy.com

二十一世纪出版社（原江西少年儿童出版社）
联系电话：0791-86537672
联系地址：中国江西省南昌市子安路 75 号
邮编：330009
邮箱：21cccc@21cccc.com

江西高校出版社
联系电话：0791-8514424
联系地址：江西省南昌市洪都北大道 96 号
邮编：330046

江西教育出版社
联系电话：0791-6710460
联系地址：江西省南昌市抚河北路 291 号
邮编：330008
邮箱：jxeph@jxeph.com

江西科学技术出版社
联系电话：0791-86629059
联系地址：江西省南昌市蓼洲街 2 号附 1 号
邮编：330009
邮箱：jxkjcbs@sina.com

江西人民出版社
联系电话：0791-6898893
联系地址：江西省南昌市三经路 47 号附 1 号
邮编：330006
邮箱：jxpph@tom.com

山东省（12 个）

山东教育出版社有限公司
联系电话：0531-82092600
联系地址：山东省济南市经八路纬一路 321 号
邮编：250001

山东人民出版社有限公司
联系电话：0531-82098914
联系地址：山东省济南市胜利大街 39 号
邮编：250001

山东美术出版社有限公司
联系电话：0531-82098268
联系地址：山东省济南市胜利大街 39 号
邮编：250001
邮箱：sdmscbs@163.com

明天出版社有限公司
联系电话：0531-82098714
联系地址：山东省济南市经九路胜利大街 39 号
邮编：250001
邮箱：tomorrowpub@live.cn

山东友谊出版社有限公司
联系电话：0531-82098756
联系地址：山东省济南市英雄山路 189 号新华
　　　　　传媒大厦 14 楼
邮编：250001

山东文艺出版社有限公司
联系电话：0531-82098776
联系地址：山东省济南市英雄山路 189 号
邮编：250002
邮箱：sdwy@sdpress.com.cn

山东大学出版社
联系电话：0531-88362233
联系地址：山东省济南市山大南路 27 号
邮编：250100

济南出版社有限责任公司
联系电话：0531-86131712
联系地址：山东省济南市二环南路 1 号
邮编：250002
邮箱：jinan@jnpub.com

青岛出版集团少儿出版中心
联系电话：0532-68068710
联系地址：山东省青岛市海尔路 182 号
邮编：266061
邮箱：service@qsqk.net

青岛出版社
联系电话：0532-80997888
联系地址：山东省青岛市徐州路 77 号
邮编：266071

山东画报出版社有限公司

联系电话：0531-82098470
联系地址：山东省济南市经九路胜利大街 39 号
邮编：250001

黄河出版社
联系电话：0531-82067243
联系地址：山东省济南市英雄山路 21 号
邮编：250002

河南省（8 个）

河南科学技术出版社有限公司
联系电话：0371-65788619
联系地址：河南省郑州市经五路 66 号
邮编：450002

河南文艺出版社有限公司
联系电话：0371-65384195
联系地址：河南省郑州市鑫苑路 18 号
邮编：450011

中州古籍出版社有限公司
联系电话：0371-65788805
联系地址：河南省郑州市经五路 66 号
邮编：450002

大象出版社有限公司
联系电话：0371-63863256
联系地址：河南郑州市开元路 18 号
邮编：450044

海燕出版社
联系电话：0371-63934415
联系地址：河南省郑州市经七路 21 号
邮编：450002

文心出版社有限公司
联系电话：0371-65788100
联系地址：河南省郑州市经五路 66 号
邮编：450002

河南人民出版社有限公司
联系电话：0371-65788012
联系地址：河南省郑州市经五路 66 号
邮编：450002

河南大学出版社有限责任公司
联系电话：0371-86050076
联系地址：河南省郑州市郑东新区商务外环中
　　　　　华大厦 2401 室
邮编：450046

湖北省（11 个）

华中师范大学出版社有限责任公司
联系电话：027-67867358
联系地址：湖北省武汉市洪山区珞喻路 152 号
邮编：430079
邮箱：hscbs@public.wh.hb.cn

武汉大学出版社有限责任公司
联系电话：027-68272427
联系地址：湖北省武汉市武昌珞珈山
邮编：430072

长江出版社（武汉）有限公司
联系电话：027-82927763
联系地址：湖北省武汉市汉口解放大道 1863 号
邮编：430010
邮箱：cjpub@vip.sina.com

湖北教育出版社有限公司
联系电话：027-83619605
联系地址：湖北省武汉汉口青年路 277 号
邮编：430015

武汉出版社
联系电话：027-85602136
联系地址：武汉市江汉区新华路 490 号
邮编：430015

华中科技大学出版社有限责任公司

联系电话：027-87542324
联系地址：湖北省武汉市洪山区珞喻路 1037 号
邮编：430074

湖北少年儿童出版社有限公司
联系电话：027-87679100
联系地址：湖北省武汉市雄楚大街 268 号出版
　　　　　文化城 B 座 7-8 层
邮编：430070
邮箱：hbcp@vip.sina.com

长江文艺出版社有限公司
联系电话：027-87679310
联系地址：湖北省武昌雄楚大街 268 号出版文
　　　　　化城 B 座 9-10 楼
邮编：430070

湖北科学技术出版社有限公司
联系电话：027-87679413
联系地址：湖北省武汉市洪山区雄楚大街 268
　　　　　号湖北出版文化城 B 座 13-14 层
邮编：430070

湖北美术出版社有限公司
联系电话：027-87679529
联系地址：湖北省武汉市雄楚大街 268 号湖北
　　　　　出版文化城 B 座 18-19 层
邮编：430070

湖北人民出版社有限公司
联系电话：027-87679624
联系地址：湖北省武汉市雄楚大街 268 号出版
　　　　　文化城 B 座 15 楼
邮编：430070
邮箱：hbrmcbs@hbpp.com.cn

湖南省（7 个）

湖南少年儿童出版社
联系电话：0731-82196320
联系地址：湖南省长沙市晚报大道 89 号

邮编：410016

湖南人民出版社
联系电话：0731-82683307
联系地址：湖南省长沙市营盘东路 3 号
邮编：410005

湖南科学技术出版社
联系电话：0731-84375802
联系地址：湖南省长沙市湘雅路 276 号
邮编：410008

湖南美术出版社
联系电话：0731-84713798
联系地址：湖南省长沙市雨花区火焰开发区四片
邮编：410016

湖南教育出版社
联系电话：0731-85468403
联系地址：湖南省长沙市韶山北路 443 号
邮编：410007

湖南文艺出版社
联系电话：0731-85983070
联系地址：湖南省长沙市雨花大道 2 号
邮编：410006

岳麓书社
联系电话：0731-88625699
联系地址：湖南省长沙市新民路 10 号
邮编：410006

广东省（13 个）

广东人民出版社有限公司
联系电话：020-83798714
联系地址：广东省广州市大沙头四马路 10 号
邮编：510102

广东经济出版社有限公司
联系电话：020-37603025

联系地址：广东省广州市环市东路水荫路 11 号
　　　　　11-12 楼
邮编：510075
邮箱：gdeph@tom.com

广东花城出版社有限公司
联系电话：020-37601948
联系地址：广东省广州环市水荫路 11 号
邮编：510075

广州出版社有限公司
联系电话：020-38903530
联系地址：广东省广州市天河区天润路 87 号广
建大厦 9、10 楼
邮编：510635

广东南方日报出版社有限公司
联系电话：020-87373998-8503
联系地址：广东省广州市广州大道中 289 号南
　　　　　方报业新传媒大厦 A 塔 28 层
邮编：510601
邮箱：nanfang112233@126.com

广东新世纪出版社有限公司
联系电话：020-83791397
联系地址：广东省广州大沙头四马路 10 号
邮编：510102

暨南大学出版社
联系电话：020-85226583
联系地址：广东省广州市天河区石牌暨南大学
　　　　　西门综合楼 5-9 楼
邮编：510630
邮箱：ocbs@jnu.edu.cn

华南理工大学出版社有限公司
联系电话：020-87113484
联系地址：广东省广州五山华南理工大学 17 号楼
邮编：510640
邮箱：z2cb@scut.edu.cn

广东高等教育出版社有限公司
联系电话：020-87551052
联系地址：广东市天河区广州大道中 1258 号大
　　　　　院内 20 栋
邮编：510076

汕头大学出版社
联系电话：020-37613848
联系地址：广东省广州市水荫路 56 号 3 栋 9A 座
邮编：515075
邮箱：stdxcbs@163.com

深圳海天出版社
联系电话：0755-83460234
联系地址：广东省深圳市彩田南路海天大厦
邮编：518033
邮箱：zbs@htph.com.cn

新世纪出版社
联系电话：020-83791397
联系地址：广州大沙头四马路 10 号
邮编：510102

广东教育出版社
联系电话：020-87621848
联系地址：广州市环市东路 472 号 12-15 楼
邮编：510075

广西壮族自治区（6个）

广西人民出版社有限公司
联系电话：0771-5523598
联系地址：广西南宁市桂春路 6 号
邮编：530028

广西美术出版社有限公司
联系电话：0771-5701335
联系地址：广西南宁市望园路 9 号
邮编：530022

广西教育出版社有限公司

联系电话：0771-5850209
联系地址：广西南宁市鲤湾路 8 号
邮编：530022

广西科学技术出版社有限公司
联系电话：0771-5885039
联系地址：广西南宁市东葛路 66 号
邮编：530023

广西师范大学出版社有限责任公司
联系电话：0773-2808798
联系地址：广西桂林市中华路 22 号
邮编：541001

漓江出版社有限公司
联系电话：0773-2581266
联系地址：广西桂林市安新南区 356 栋
邮编：541002
邮箱：Ljcbs@163.com

海南省（3个）

南海出版公司
联系电话：0898-66568511
联系地址：海南省海口市海秀中路 51 号星华大
　　　　　厦五楼
邮编：570206

南方出版社
联系电话：0898-66160811
联系地址：海南省海口市和平大道 70 号
邮编：570203

海南出版社
联系电话：0898-66812763
联系地址：海南省海口市金盘开发区建设三横
　　　　　路 2 号
邮编：570216

四川省（13 个）

四川辞书出版社有限公司
联系电话：028-87734326
联系地址：四川省成都市三洞桥路 12 号
邮编：610031
邮箱：sclph@tfol.com

四川教育出版社有限公司
联系电话：028-86259379
联系地址：四川省成都市槐树街 2 号
邮编：610031

成都地图出版社
联系电话：028-84884819
联系地址：四川省成都市龙泉驿区建设路 1 号
邮编：610100
邮箱：cddtzbs@sohu.com

四川大学出版社有限责任公司
联系电话：028-85401107
联系地址：四川省成都市一环路南一段 24 号
邮编：610065

四川人民出版社有限公司
联系电话：028-86259620
联系地址：四川省成都市盐道街 3 号
邮编：610012
邮箱：028zbs@163.com

四川少年儿童出版社有限公司
联系电话：028-86259185
联系地址：四川省成都市槐树街 2 号
邮编：610031

四川文艺出版社有限公司
联系电话：028-86259303
联系地址：四川省成都市槐树街 2 号
邮编：610031
邮箱：scwenyi@sina.com

四川科学技术出版社有限公司
联系电话：028-87734030
联系地址：四川省成都市三洞桥路 12 号
邮编：610031
邮箱：sckjbs@126.com

成都时代出版社有限公司
联系电话：028-86623947
联系地址：四川省成都市庆云南街 19 号
邮编：610017

四川民族出版社
联系电话：028-87734155
联系地址：四川省成都市三洞桥路 12 号
邮编：610031

四川天地出版社有限公司
联系电话：028-87734619
联系地址：四川省成都市三洞桥路 12 号
邮编：610031
邮箱：tiandicbs@vip.163.com

四川美术出版社有限公司
联系电话：028-88734382
联系地址：四川省成都市三洞桥路 12 号
邮编：610031

西南交通大学出版社
联系电话：028-87600533
联系地址：四川省成都市金牛区交大路 146 号
邮编：610031

贵州省（2 个）

贵州人民出版社有限公司
联系电话：0851-6833078
联系地址：贵州省贵阳市中华北路 289 号
邮编：550004
邮箱：gzcbjt@yahoo.com.cn

贵州教育出版社有限公司

联系电话：0851-8654675
联系地址：贵州省贵阳市黄山冲路 18 号
邮编：550004

云南省（5个）

云南人民出版社有限责任公司
联系电话：0871-4194289
联系地址：云南省昆明环城西路 609 号
邮编：650034

云南教育出版社有限责任公司
联系电话：0871-4121040
联系地址：云南省昆明市环城西路 609 号
邮编：650034

云南美术出版社有限责任公司
联系电话：0871-4195209
联系地址：云南省昆明市环城西路 609 号
邮编：650034

云南晨光出版社有限责任公司
联系电话：0871-4109545
联系地址：云南省昆明市环城西路 609 号
邮编：650034

云南民族出版社
联系电话：0871-5328047
联系地址：云南省昆明市环城西路 170 号云南
　　　　　民族大厦 5 楼
邮编：650032

西藏自治区（2个）

西藏人民出版社
联系电话：0891-6827002
联系地址：拉萨市林廓北路 20 号
邮编：850000

西藏藏文古籍出版社
联系电话：0891-6902244

联系地址：拉萨市色拉路 4 号
邮编：850000

陕西省（11个）

陕西人民教育出版社有限责任公司
联系电话：029-87211086
联系地址：陕西省西安市北大街 147 号
邮编：710003

陕西科学技术出版社有限责任公司
联系电话：029-87211894
联系地址：陕西省西安市北大街 147 号
邮编：710003
邮箱：admin@chuban365.com

陕西人民美术出版社有限责任公司
联系电话：029-87211086
联系地址：陕西省西安市北大街 147 号
邮编：710003

西安交通大学出版社
联系电话：029-82668315
联系地址：陕西省西安市兴庆南路 10 号
邮编：710049
邮箱：cf_english@126.com

陕西未来出版社有限责任公司
联系电话：029-84288355
联系地址：陕西西安市丰庆路 91 号
邮编：710082

第四军医大学出版社
联系电话：029-84776765
联系地址：陕西省西安市长乐西路 17 号
邮编：710032

陕西旅游出版社有限责任公司
联系电话：029-85252285
联系地址：陕西省西安市高新区科技二路 6 号
　　　　　佳贝大厦

邮编：710071

陕西师范大学出版社总社有限公司
联系电话：029-85308142
联系地址：陕西省西安市长安南路 19 号
邮编：710062

陕西人民出版社有限责任公司
联系电话：029-87205190
联系地址：陕西省西安市北大街 147 号
邮编：710003

陕西太白文艺出版社有限责任公司
联系电话：029-87256532
联系地址：陕西省西安北大街 131 号
邮编：710003

西北工业大学出版社
联系电话：029-88492314
联系地址：陕西省西安市友谊西路 127 号
邮编：710072

甘肃省（7 个）

甘肃文化出版社有限责任公司
联系电话：0931-8454917
联系地址：甘肃省兰州市庆阳 292 号 16 楼
邮编：730030

甘肃人民出版社
联系电话：0931-8773134
联系地址：甘肃省兰州市南滨河东路 520 号
邮编：730030

甘肃人民美术出版社
联系电话：0931-8773224
联系地址：甘肃省兰州市南滨河东路 520 号
邮编：730030

甘肃少年儿童出版社
联系电话：0931-8773225

联系地址：甘肃省兰州市南滨河东路 520 号
邮编：730030

敦煌文艺出版社
联系电话：0931-8773166
联系地址：甘肃省兰州市城关区南滨河东路
　　　　　520 号
邮编：730030

甘肃教育出版社
联系电话：0931-8773215
联系地址：甘肃省兰州市南滨河东路 520 号
邮编：730030

甘肃民族出版社
联系电话：0931-8773273
联系地址：甘肃省南滨河东路 520 号
邮编：730030

宁夏回族自治区（5 个）

宁夏人民教育出版社
联系电话：0951-5017453
联系地址：宁夏银川市兴庆区北京东路 139 号
　　　　　出版大厦
邮编：750001

宁夏少年儿童出版社
联系电话：0951-5014284
联系地址：宁夏银川市解放西街 199 号
邮编：750001

宁夏人民出版社
联系电话：0951-5046996
联系地址：宁夏银川市北京东路 139 号出版大厦
邮编：750001
邮箱：nxllama@163.com

青海人民出版社
联系电话：0971-6143426
联系地址：宁夏西宁市同仁路 10 号

邮编：810001

阳光出版社
联系电话：0951-5047283
联系地址：宁夏银川市兴庆区北京东路139号
　　　　　出版大厦14层
邮编：750001

新疆维吾尔自治区（4个）

新疆大学出版社
联系电话：0991-8582431
联系地址：新疆乌鲁木齐市胜利路14号
邮编：830046
邮箱：wurong0104@163.com

新疆科学技术出版社
联系电话：0991-2885813
联系地址：新疆乌鲁木齐市延安路255号
邮编：830049
邮箱：xjkjcbs@163.com

新疆人民出版社总社（新疆人民出版社）
联系电话：0991-2825887
联系地址：新疆乌鲁木齐解放南路348号
邮编：830001
邮箱：xjrmcb@xj.cninfo.net

新疆青少年出版社
联系电话：0991-7833927
联系地址：新疆乌鲁木齐市北京北路29号
邮编：830012
邮箱：came11194968@126.com

中国台湾地区（1个）

和英文化有限责任公司
联系电话：03-5636699
联系地址：台湾省新竹市金山街87号
邮编：30080
邮箱：editor@heryin.com

全国少年儿童图书馆名录

国家图书馆少年儿童馆
办公电话：010-88545080；88545575
办公地址：北京市海淀区中关村南大街 33 号
邮编：100081

西城区青少年儿童图书馆
办公电话：010-62237676
办公地址：北京市西城区西内大街 69 号
邮编：100035

丰台区青少年儿童图书馆
办公电话：010-63898653
办公地址：北京市丰台区西四环南路 84 号
邮编：100071

朝阳区少儿图书馆
办公电话：010-64297042
办公地址：北京市朝阳区安华西里 1 区 1 号楼
邮编：100011

石景山区少年儿童图书馆
办公电话：010-68875256
办公地址：北京市石景山区古城南路 14 号
邮编：100043

上海市少年儿童图书馆
办公电话：021-62189098
办公地址：上海市南京西路 952 号
邮编：200041

普陀区少年儿童图书馆
办公电话：021-56611294
办公地址：上海市延长西路 400 号
邮编：200065

闸北区少年儿童图书馆
办公电话：021-56812752
办公地址：上海市闸北区汾西路 261 弄 24 号

邮编：200000

长宁区少年儿童图书馆
办公电话：021-62421309
办公地址：上海市长宁区仙霞路 700 弄 41 号
邮编：200336

杨浦区少儿图书馆
办公电话：021-65571702
办公地址：上海市杨浦区嫩江路民星二村 38 号
邮编：200438

天津市少年儿童图书馆
办公电话：022-58996055
办公地址：天津市和平区贵州路 58 号
邮编：300051

南开区少年儿童图书馆
办公电话：022-23364082；23310458
办公地址：天津市南开区王顶堤街澄江路 26 号
邮编：300190

和平区少年儿童图书馆
办公电话：022-23394620；022-23310458
办公地址：天津市和平区承德道 68 号
邮编：300040

河东区少年儿童图书馆
办公电话：022-24380559
办公地址：天津市河东区八纬路 129 号
邮编：300171

滨海新区汉沽少年儿童图书馆（原：汉沽区少年儿童图书馆）
办公电话：022-25694309
办公地址：天津市河西区河西二经路街
邮编：300480

塘沽区少年儿童图书馆
办公电话：022-25862717
办公地址：天津市塘沽区中心路 5 号
邮编：300450

河北区少年儿童图书馆
办公电话：022-26270435
办公地址：天津市河北区中山路小关大街
邮编：300143

西青区少年儿童图书馆
办公电话：022-27391689
办公地址：天津市西青区杨柳青府前街文化中心
邮编：300380

红桥区少年儿童图书馆
办公电话：022-27714967
办公地址：天津市红桥区邵公庄 84 号
邮编：300122

静海县少年儿童图书馆
办公电话：022-28942775
办公地址：天津市静海县胜利南路 83 号
邮编：301600

河西区少年儿童图书馆
办公电话：022-89560407
办公地址：天津市河西区小围堤道 82 号
邮编：300210

重庆市少年儿童图书馆
办公电话：023-63891172
办公地址：重庆市渝中区长江一路 11 号
邮编：400010

重庆市涪陵区少年儿童图书馆
办公电话：023-72271512
办公地址：重庆市涪陵区中山西路 18 号
邮编：408000

石家庄市少年儿童图书馆
办公电话：0311-86026069
办公地址：河北省石家庄市建设北大街 18 号
邮编：050011

赤峰市红山区民族少年儿童图书馆
办公电话：0476-8222607
办公地址：内蒙古红山区哈达街文化大厦
邮编：024000

鄂尔多斯市东胜区少年儿童图书馆
办公电话：0477-8361472
办公地址：内蒙古鄂尔多斯市东胜区宝日陶亥
　　　　　东街 10 号
邮编：017000

哈尔滨市儿童少年图书馆
办公电话：0451-53626891
办公地址：哈尔滨市南望区一曼街 249 号
邮编：150454

沈阳市少年儿童图书馆
办公电话：024-24841039
办公地址：辽宁省沈阳市沈河区朝阳街 131 号
邮编：110011

铁西区少儿图书馆
办公电话：024-25115037
办公地址：辽宁省沈阳市铁西区北二中路 23-1
　　　　　号 1-7 门
邮编：110026

和平区少年儿童图书馆
办公电话：024-31604636
办公地址：辽宁省沈阳市和平区砂山街 37 号
邮编：110005

皇姑区少年儿童图书馆
办公电话：024-86865534
办公地址：辽宁省沈阳市皇姑区长江南小区 37 号
邮编：110031

大东区少年儿童图书馆
办公电话：024-88732592
办公地址：辽宁省沈阳市大东区津桥路 44 号
邮编：110042

铁岭市少年儿童图书馆
办公电话：0410-2811071
办公地址：辽宁省铁岭市银州区文化街 35 号
邮编：112000

大连市少年儿童图书馆
办公电话：0411-83680472
办公地址：辽宁省大连市西岗区纪念街 1-1 号
邮编：116012

鞍山市少儿图书馆
办公电话：0412-5565848
办公地址：辽宁省鞍山市铁东胜利南路 45 号
邮编：114003

丹东市少儿图书馆
办公电话：0415-2120811
办公地址：辽宁省丹东市振兴区六纬路 32-5 号
邮编：118000

锦州市少儿图书馆
办公电话：0416-3403666
办公地址：辽宁省锦州市松山新区市府路 63 号
邮编：121000

营口市少年儿童图书馆
办公电话：0417-3550327
办公地址：辽宁省营口市站前区新立里 1 号
邮编：115002

辽阳市少年儿童图书馆
办公电话：0419-3611893
办公地址：辽阳市中华大街 93-2 号
邮编：111000

双塔区儿童图书馆
办公电话：0421-2656500
办公地址：辽宁省朝阳市双塔区商业路 13 号
邮编：122000

盘锦市少年儿童图书馆
办公电话：0427-6678011
办公地址：辽宁省盘锦市兴隆台区
邮编：124010

长春市少年儿童图书馆
办公电话：0431-86186481
办公地址：吉林省长春市南关区东三马路 703 号
邮编：130041

延吉市少年儿童图书馆
办公电话：0433-2520991
办公地址：吉林省延吉市局子街丰顺胡同 58 号
邮编：133000

洮北区少年儿童图书馆
办公电话：0436-3225608
办公地址：吉林省白城市中兴东大路 49-1 号
邮编：137000

绥化市北林区少儿图书馆
办公电话：0455-8101661
办公地址：黑龙江省绥化市中直南四路
邮编：152000

溧水县儿童图书馆
办公电话：025-57206170
办公地址：江苏省南京市溧水县永阳镇大东门
　　　　　街 80 号
邮编：211200

丹阳市少儿图书馆
办公电话：0511-86539029
办公地址：江苏省丹阳市丹金路 1 号
邮编：212300

南通市少年儿童图书馆
办公电话：0513-85526247
办公地址：江苏省南通市启秀路 3 号
邮编：226001

扬州市少年儿童图书馆
办公电话：0514-87868049
办公地址：江苏省扬州市维扬路 351 号
邮编：225009

连云港市少年儿童图书馆
办公电话：0518-85681817
办公地址：江苏省连云港市新浦区市化路 37 号
邮编：222000

张家港市少年儿童图书馆
办公电话：0512-58133752
办公地址：江苏省张家港市长安中路 54 号
邮编：215699

玄武区少年儿童图书馆
办公电话：025-83614630
办公地址：江苏省玄武区太平北路 120-2 号
邮编：210000

杭州少年儿童图书馆
办公电话：0571-87962447
办公地址：浙江省杭州市西湖区曙光路 75 号
邮编：310007

温州市少年儿童图书馆
办公电话：0577-88831346
办公地址昆明市：浙江省温州市园西巷 2 号
邮编：325000

金华市少年儿童图书馆
办公电话：0579-82325322
办公地址：浙江省金华市马路里 82 号
邮编：321000

宁波市少年儿童图书馆
办公电话：0574-88126518
办公地址：浙江宁波市鄞州新城区钱湖南路
　　　　　928 号
邮编：315010

合肥市少年儿童图书馆
办公电话：0551-5548139
办公地址：安徽省合肥市亳州路 1 号
邮编：230001

安徽省淮南市少年儿童图书馆
办公电话：0554-3624825
办公地址：安徽省淮南市淮滨路
邮编：232007

福建省少年儿童图书馆
办公电话：0591-88208156
办公地址：福建省福州市鼓楼区东街 28 号
邮编：350001

福州市少年儿童图书馆
办公电话：0591-83353748
办公地址：福建省福州市台江区五一南路 265 号
邮编：350009

厦门市少年儿童图书馆
办公电话：0592-5825012
办公地址：福建省厦门市公园南路 2 号
邮编：361004

厦门市集美区少年儿童图书馆
办公电话：0592-6685672
办公地址：福建省厦门市集美区建南路 1 号
邮编：361021

厦门市同安区少年儿童图书馆
办公电话：0592-7035348
办公地址：福建省厦门市同安区城西路 93 号
邮编：361100

三明市少年儿童图书馆
办公电话：0598-8337034
办公地址：福建省三明市三元区三元街 1 号
邮编：365001

赣州市图书馆少年儿童馆
办公电话：0797-8225339
办公地址：江西省赣州市章贡区健康路 34 号
邮编：341000

济南市少年儿童图书馆
办公电话：0531-83181518
办公地址：山东省济南市图书馆经三路 150 号
邮编：250001

淄博市张店区少年儿童图书馆
办公电话：0533-6205518
办公地址：山东省淄博市张店区文化艺术中心
　　　　　4 楼
邮编：255000

安阳市少年儿童图书馆
办公电话：0372-2592861
办公地址：河南省安阳市文明大道东段
邮编：455000

洛阳市少年儿童图书馆
办公电话：0379-64852601
办公地址：河南省洛阳市七里河畅园大厦 5 楼
邮编：471000

武汉市江岸区少年儿童图书馆
办公电话：027-82816233
办公地址：湖北省武汉市江岸区黄石路 34 号
邮编：430014

武汉市少年儿童图书馆
办公电话：027-82773406
办公地址：湖北省武汉市江岸区南京 86 号
邮编：430014

襄樊市少年儿童图书馆
办公电话：0710-3511323
办公地址：湖北省襄樊市襄城南街
邮编：441021

蕲春县少儿图书馆
办公电话：0713-7235880
办公地址：湖北省蕲春县漕河蕲阳北路 16 号
邮编：435300

荆州市少年儿童图书馆
办公电话：0716-8193543
办公地址：湖北省荆州市沙市区北京路 241 号
邮编：434000

十堰市少儿图书馆
办公电话：0719-8651811
办公地址：湖北省十堰市公园路 11 号
邮编：442000

湘潭市少年儿童图书馆
办公电话：0731-58261238
办公地址：湖南省湘潭市湖园路 38 号
邮编：411100

湖南省少年儿童图书馆
办公电话：0731-84410096
办公地址：湖南省长沙市中山路 70 号
邮编：410005

衡阳市少年儿童图书馆
办公电话：0734-8221946
办公地址：湖南省衡阳市雁峰区市府路 5 号
邮编：421001

邵阳市少年儿童图书馆
办公电话：0739-5362334
办公地址：湖南省邵阳市红旗路中山公园内
邮编：422000

吉首市民族少年儿童图书馆
办公电话：0743-8222302
办公地址：湖南省吉首市人民北路 47 号
邮编：416000

怀化市鹤城区少年儿童图书馆
办公电话：0745-2233411
办公地址：湖南省怀化市人民南路 260 号
邮编：418000

广州少年儿童图书馆
办公电话：020-84209381
办公地址：广东省广州市沿江西路 149 号
邮编：510300

汕头市少年儿童图书馆
办公电话：0754-88943019
办公地址：广东省汕头市长平路 11 街区
邮编：515041

深圳少年儿童图书馆
办公电话：0755-82093620
办公地址：广东省深圳市福田区红荔路 1011 号
邮编：518027

湛江市少年儿童图书馆
办公电话：0759-2220125 转 851
办公地址：广东省湛江市霞山区延安路 57 号
邮编：524006

南宁市少年儿童图书馆
办公电话：0771-5312109
办公地址：广西省南宁市教育路 11 号
邮编：530022

广西壮族自治区少年儿童图书馆
办公电话：0771-5846053
办公地址：广西省南宁市民族大道 61 号
邮编：530022

广西桂林少年儿童图书馆
办公电话：：0773-2823494
办公地址：广西壮族自治区桂林市秀峰区榕湖
　　　　　北路 15 号
邮编：054100

北海市少年儿童图书馆
办公电话：0779-3035161
办公地址：广西省北海市北京路 18 号
邮编：536000

贵州省宋庆龄基金会镇宁儿童图书馆
办公电话：0853-6222371
办公地址：贵州省镇宁自治县犀牛路 2 号
邮编：561200

昆明少年儿童图书馆
办公电话：0871-3155945
办公地址：云南省昆明市北京路 616 号
邮编：650051

个旧市少儿图书馆
办公电话：0873-2231001
办公地址：云南省个旧市宝华路 1 号
邮编：661000

曲靖市少儿图书馆
办公电话：0874-6117870
办公地址：云南省曲靖市文化路 48 号
邮编：655000

大同市少年儿童图书馆
办公电话：0352-5021943
办公地址：山西省大同市城区迎宾西路 3 号
邮编：037006

安康市汉滨区少年儿童图书馆
办公电话：0915-3212063
办公地址：陕西省安康市金州南路 45 号
邮编：725000

铜川市少年儿童图书馆
办公电话：0919-2184495
办公地址：陕西省铜川市王益区七一路 15 号
邮编：727000

甘肃省少年儿童图书馆
办公电话：0931-8273746
办公地址：兰州城关区南滨河路 488 号
邮编：730000

兰州市少年儿童图书馆
办公电话：0931-8454765
办公地址：甘肃省兰州市城关区武都路 392 号
邮编：730030

庆阳市西峰区少年儿童图书馆
办公电话：0934-5988131
办公地址：甘肃省庆阳市西峰区合水巷 15 号
邮编：745000

白银市白银区少儿图书馆
办公电话：0943-8249910
办公地址：甘肃省白银市白银区红星街 150 号
邮编：730900

新疆维吾尔自治区图书馆少儿馆
办公电话：0991-3698046
办公地址：新疆乌鲁木齐市北京南路 78 号
邮编：830011

国内外儿童图书推荐评选活动介绍

本次收录的图书中涵盖 25 项国内图书推荐评选活动和 10 项国外儿童文学奖项的入选图书，主要介绍如下：

一、国内主要图书推荐评选活动介绍

（一）精神文明建设"五个一工程"评选活动

精神文明建设"五个一工程"评选活动由中共中央宣传部组织、新闻出版总署主办，创办于 1992 年，至今已举办 13 届。该活动评选对象为上一年度各省、自治区、直辖市和中央部分部委，以及解放军总政治部等单位组织生产、推荐申报的精神产品中 5 个方面的精品佳作。这 5 个方面是：一部好的戏剧作品，一部好的电视剧作品，一部好的图书（限社会科学方面），一部好的理论文章（限社会科学方面），一部好电影；并对组织这些精神产品生产成绩突出的省、自治区、直辖市党委宣传部和部队有关部门，授予组织工作奖。1995 年起，"五个一工程"评选活动将一首好歌和一部好的广播剧列入评选范围，评选活动的名称不变。

自创办以来，"五个一工程"评选活动推出了大量深受群众欢迎的优秀作品，也不断培养出一批批优秀的文艺工作者，形成了一种以作品带人、以人促作品的生动气象。更令人欣喜的是少儿题材、少数民族题材文艺创作百花竞放，成果丰硕。电视剧《快乐星球》《家有儿女》、儿童剧《小蝌蚪找妈妈》、歌曲《宇宙的种子》、广播剧《小米》、长篇小说《青铜葵花》等作品贴近少年儿童审美情趣，对陶冶未成年人心灵具有积极的意义。

"五个一工程"评选活动充分尊重艺术创作规律，尊重作家、艺术家的创造性劳动。评选日益科学规范、公平公正，最大限度地贴近社会大众的审美心理，满足广大群众精神文化需求，充分发挥精神文明建设"五个一工程"的导向和示范作用。

随着改革开放的不断深入，在我国现代化建设事业飞速发展的同时，社会主义文艺事业必将更加发达和繁荣，作为精神文明建设一项重大战略工程的"五个一工程"评选活动,必将在推进和谐文化建设、推动文化进一步繁荣发展中发挥更大的作用。

(二)国家图书奖

1992 年,为促进社会主义出版事业的繁荣和发展,鼓励和表彰优秀图书的出版,经国务院批准,新闻出版总署设立了"国家图书奖",这是全国图书评奖中的最高奖励。该奖分哲学、社会科学、文学、艺术、科学技术(含科普读物)、古籍整理、少儿、教育、辞书工具书和民族文版图书九大门类,设国家图书奖荣誉奖、国家图书奖和国家图书奖提名奖三种奖项。

"国家图书奖"本着宁缺毋滥的原则,严格控制获奖数量,每次授奖额为 30个,不分档次。该奖项聘请的评委均是某个领域的学术带头人或学术权威,既有像王朝闻、季羡林、任继愈这样德高望重的学术大师,也有像庄逢甘、陈芳允这样为我国科技进步做出过重大贡献的科学院院士。在评奖过程中,评委们坚持学术第一、质量第一的原则,客观公正,发扬民主,作风正派,对"国家图书奖"高度负责,表现出良好的道德素养和很高的专业水平,确保了该奖项的权威性。

"国家图书奖"作为中国出版政府奖(2005 年设立)的前身,是中国出版行业公认的权威奖项。自 1993 年首次评选以来,截至 2003 年已成功举办了 6 届,共有756 种图书获奖(不含第六届的特别奖 50 种图书),涵盖了 1980 年至 2002 年出版的图书,相对于我国年出版图书 10 余万种的总量来说,这个数字很小,但这一图书出版界的最高奖在一定程度上集中代表了我国数以万计的优秀图书、精品图书,展示了我国政治、经济、文化、科技等方面的科研成果,体现了我国在相当长一个时期图书出版的整体质量和水平。"国家图书奖"多年的评奖工作对引导阅读、繁荣出版业产生了深刻、巨大的影响,对推进学术发展起到了巨大的推动作用。

2005 年,依据《全国性文艺新闻出版评奖管理办法》,全国性文艺新闻出版评奖进行了调改,新闻出版总署设立"中国出版政府奖",下设"国家出版奖"和"全国优秀出版人物奖"两个子项。这也在事实上取消了"国家图书奖"。

(三)中国出版政府奖

"中国出版政府奖"设立于 2005 年,是由国家新闻出版总署主办的全国性奖项，是中国新闻出版领域的国家最高奖项，也是以往我国出版行业公认的权威奖项——"国家图书奖"的延续。该奖项旨在表彰和奖励在新闻出版业中有深远影响力的、做出突出贡献的优秀出版物的出版单位和个人。该奖项至今已举办两届。

"中国出版政府奖"包括图书奖 60 个，音像制品、电子出版物、网络出版物奖 20 个，印刷复制奖 10 个，装帧设计奖 10 个，先进出版单位奖 50 个，优秀出版人物奖 50 个，以及优秀出版物提名奖 200 个。该奖项的评奖范围包括：由国家新闻出版行政管理部门批准成立的新闻出版单位正式出版并公开发行的图书、音像制品、电子出版物、网络出版物；经印刷复制质检部门检测的优质印刷、复制品；由国家新闻出版行政管理部门批准成立的图书、期刊、音像、电子及网络出版单位，印刷、复制企业，发行企业，版权机构，新闻出版行政管理部门（含"扫黄打非"部门和新闻出版行政执法机构）及其他新闻出版企、事业单位中做出突出成绩的先进单位和优秀个人。

第一届"中国出版政府奖"评选结果于 2008 年 2 月揭晓，100 个出版物奖、50 个先进出版单位奖、50 个优秀出版人物奖从 2864 份参评材料中脱颖而出。这是自 2005 年《全国性文艺新闻出版评奖管理办法》出台后，我国出版界的首次国家级评奖，所评出的各个奖项基本代表了当前出版行业发展的领先水平。

第二届"中国出版政府奖"评选结果于 2011 年 3 月揭晓，最终从 3066 份符合条件的参评材料中评出 240 个获奖作品、单位和个人。与上一届相比，第二届"中国出版政府奖"在奖励数额上增加了 40 个，并且首次设立期刊奖，在优秀出版人物奖中对优秀编辑给予表彰。

第三届中国出版政府奖 2014 年 1 月 4 日揭晓，奖励数额总计 236 个。第三届中国出版政府奖共评出图书奖 56 种、图书奖提名奖 109 种，奖项还包括期刊奖、音像电子网络出版物奖、印刷复制奖、装帧设计奖、先进出版单位奖和优秀出版人物（优秀编辑）奖。

（四）新闻出版总署向"全国青少年推荐百种优秀图书活动"

为了贯彻落实《中共中央国务院关于进一步加强和改进未成年人思想道德建设的若干意见的通知》，深入开展青少年读书活动，自 2004 年起，新闻出版总署每年举办"向全国青少年推荐百种优秀图书活动"。该活动采取政府提倡、各地各单位组织实施、广大青少年踊跃参与的形式，旨在培养全国青少年阅读习惯，树立读书学习之风，抵制不良出版物对青少年的危害，为全社会营造健康向上的文化氛围，推进我国的全民阅读活动。

迄今为止，"向全国青少年推荐百种优秀图书活动"已经成功举办 11 届，推荐图书 1100 余种，绝大多数图书是国内作家的原创作品，深受青少年读者的欢迎和社会的认可，历届百种优秀青少年图书直接进入全国农家书屋工程建设配置书目以及全国中小学图书馆馆藏书目。

目前，一年一度的"向全国青少年推荐百种优秀图书活动"已经成为新闻出版界的品牌活动和自觉行动，受到出版社高度重视。2004 年的首届评选有 105 家出版社报送 208 种图书，2014 年有 339 家出版社报送 1300 种图书。经过几年的评选历程，该活动形成了科学、规范、完善的评审制度，制定了明确的指导思想、评审原则及筛选细则，参选图书的整体质量逐年上升，涌现出一批品牌作家、品牌图书、品牌出版社，为青少年阅读推广工作提供了丰富的图书资源。"向全国青少年推荐百种优秀图书活动"已经成为社会各界共同参与的阅读推广活动以及引导青少年健康阅读的重要平台。

（五）"三个一百"原创出版工程

为落实科学发展观，促进我国学术、科研、文艺领域的创新，进一步推动我国出版业的繁荣发展，从 2006 年起，新闻出版总署开始组织实施"三个一百"原创出版工程。该工程从近两年出版的新书中推荐和评审出人文社科、科学技术和文艺少儿三大类优秀原创出版图书各百种，从而鼓励和推动出版单位多出原创图书，全面提升我国原创出版的整体水平。自 2007 年首次评选以来，已成功举办三届。

申报"三个一百"原创出版工程的图书必须是由国内作者创作、在国内出版社首次出版、确属原创的精品力作，按照人文社科、科学技术和文艺少儿三大类别，分别提供评审材料和样书。新闻出版总署在各出版单位申报的基础上按照资格审查、小组筛选、大会讨论、专家投票、社会公示等程序最终确定入选书目。

第三届"三个一百"原创出版工程于 2011 年 12 月在京揭晓，208 家出版社的 298 种原创图书入选本届"三个一百"原创出版工程，其中人文社科类 98 种，文艺少儿类 100 种，科学技术类 100 种。本届入选图书中，既有中国时代经济出版社的《中华人民共和国经济史》、江苏人民出版社的《中国佛教通史（15 卷）》等社科领域学术著作，又有上海财经大学出版社的《产业创新战略》、重庆出版社的《中国和平发展道路》等研究当前社会发展中重大热点问题的著作。此外，文学类图书题材广泛，风格多样，不仅有作家出版社的《你在高原》，而且有河南文艺出版社《大秦帝国》第一部《黑色裂变》等长篇文学巨著，也有中国少年儿童出版社的《震动》、二十一世纪出版社的《腰门》等近年来少儿类读物的代表作。

第四届"三个一百"原创出版工程于 2013 年 12 月在京揭晓，全国有 439 家出版社报送参评图书 1669 种，国家新闻出版广电总局组织各学科专家，经过初评、终评、投票表决、质量检查和媒体公示，最终评审出《中国道路》《新结构经济学：反思经济发展与政策的理论框架》《中国载人航天科普丛书》《偏微分方程中的保结构法》《疼痛学》《生命册》《状元媒》等 261 种原创图书，其中人文社科类 84 种，科学技术类 86 种，文艺少儿类 91 种。

（六）农家书屋重点出版物推荐目录

为深入贯彻落实中共中央、国务院《关于推进社会主义新农村建设的若干意见》和《关于进一步加强农村文化建设的意见》，切实解决广大农民群众"买书难、借书难、看书难"的问题，2007 年 3 月，新闻出版总署会同中央文明办、国家发展改革委、科技部、民政部、财政部、农业部、国家人口计生委联合发出了《关于印发〈农家书屋工程实施意见〉的通知》，开始在全国范围内实施"农家书屋"工程。

农家书屋是各级政府为了满足农民群众读书学习的需要，在行政村建立的公益性文化服务设施。每个农家书屋都会配备符合农民需要的图书、报刊、音像制品和电子出版物，由农民自己管理。村民足不出村就可以到农家书屋免费读书看报，学习交流。每一个农家书屋原则上可供借阅的实用图书不少于 1000 册，报刊不少于 30 种，电子音像制品不少于 100 种（张），具备条件的地区，可增加一定比例的网络图书、网络报纸、网络期刊等出版物。该工程计划"十一五"期间在全国建立 20 万家农家书屋，到 2015 年基本覆盖全国的行政村。

《农家书屋重点出版物推荐目录》是新闻出版总署为指导全国农家书屋的出版物选配、采购工作制定的出版物推荐目录，规格高、评审严。从 2008 年开始，新闻出版总署已制订并印发 6 期《农家书屋重点出版物推荐目录》，从总体上来看，书目质量逐年提高，一大批经典图书、畅销图书、重头力作入选，很多出版社还专门针对农家书屋需要进行了选题策划。此外，书目范围愈加广泛，不仅关注农民科技致富的需要，还照顾到农民求知求美求乐的需要，文学艺术、医疗保健、生活日用、家庭教育、少儿读物等异彩纷呈。

（七）全国优秀儿童文学奖

"全国优秀儿童文学奖"设立于 1986 年，由中国作家协会主办，是中国具有最高荣誉的文学奖项之一，也是中国唯一的纯文学性的儿童文学奖项，至今已举办 9 届。该奖项分为小说、幼儿文学、诗歌、散文、纪实文学 5 类。其宗旨是鼓励优秀儿童文学创作，推动我国儿童文学的发展、繁荣，为中国 3 亿多少年儿童提供更多更好的精神食粮。

"全国优秀儿童文学奖"自设立以来，不断完善、成熟，逐渐走向制度化、规范化。为保证权威性，奖项的评选始终坚持少而精、宁缺毋滥的评选原则。每一届评委都会根据儿童文学创作的实际状况确定该届评选的获奖作品数量。一般情况下，获奖作品不会超过 20 部，评选结果由中国作协统一发布。

"全国优秀儿童文学奖"的评选工作由奖项评委会承担，评委会由儿童文学界有影响的作家、理论家、评论家、编辑组成，冰心、叶君健、严文井、陈伯吹、柯岩、任大霖、袁鹰等都曾担任过顾问或评委。每一届评委会成员都会更新，更新名额不少于评委总数的 1/2。

二十几年来，"全国优秀儿童文学奖"不断向社会和广大少年儿童推介精品力作，几乎涵盖了 20 世纪 80 年代以来老中青三代作家创作的所有优秀之作。在社会上引起很大反响，《人民日报》曾经专门对此发过评论员文章，中央电视台对每届颁奖活动都做过报道，中央电视台"读书时间"栏目还把获奖篇目及时地推介给小读者。许多获奖做品受到了影视界的关注，在前四届的获奖作品中，《寻找回来的世界》（柯岩）、《黑猫警长》（诸志祥）、《第三军团》《有老鼠牌铅笔吗》（张之路）、《少女的红发卡》（程玮）、《男生贾里》（秦文君）、《大头儿子和小头爸爸》（郑春华）、《草房子》（曹文轩）、《我要做好孩子》（黄蓓佳）等作品已经被改编成电影、电视剧或卡通片。

（八）中华优秀出版物奖

"中华优秀出版物奖"是根据中共中央办公厅、国务院办公厅《全国性文艺新闻出版评奖管理办法》和中宣部《关于中华优秀出版物奖、韬奋出版新人奖的批复》（中宣办发函〔2005〕69号）的精神而设立，由中国出版工作者协会主办，每两年评选一次，与"五个一工程奖""中国出版政府奖"并列为我国出版界的三大奖项。

"中华优秀出版物奖"旨在通过评奖，发挥正确的导向和示范作用，促进出版社多出精品，多出人才，繁荣和发展我国出版业。该奖评选范围广泛（已获"中国出版政府奖"和中宣部"五个一工程文艺类图书奖"的图书不参加评选），下设三个子奖项，分别为"图书奖""音像、电子和游戏出版物奖"和"全国优秀出版科研论文奖"。其中，图书奖50个，提名奖80个；音像、电子和游戏出版物奖50个，提名奖50个；全国优秀出版科研论文奖60篇。自2006年设立以来，已经成功举办3届。

（九）中国图书奖

"中国图书奖"是在中宣部、新闻出版总署指导下，由中国出版工作者协会主办，由中国图书评论学会承办的全国性、综合性图书奖。它是我国权威的国家级综合图书奖之一，与"国家图书奖""五个一工程"评选活动并称为我国图书出版界的三大国家级奖励。"中国图书奖"创办于1987年，最初每年举办一次，自第十一届（1998）起变成每两年举办一次，迄今共举办了14届。

"中国图书奖"的评选条件主要依据图书的内容质量、技术指标、发行数量，兼顾印刷质量和装帧水平，并参考读者反映和书评文章，注重科学性、权威性、学术性、原创性和群众性。该奖项既要评选出体现和代表近两年中国出版水平的高质量学术著作，又要产生广大群众喜闻乐见的各类读物。

由于"中国图书奖"与"国家图书奖""五个一工程"评选活动的评选内容各有侧重，所以对于已获得"国家图书奖"和"五个一工程"评选活动的图书不再重复评奖，曾申报而未获"国家图书奖"和"五个一工程"评选活动的图书仍可参评。

实践证明，"中国图书奖"对于贯彻党的出版方针，坚持正确的舆论导向，推动多出人才、多出精品，繁荣社会主义出版事业，发挥了重要的促进作用、激励作用和示范作用，引起了出版界和读书界的高度重视和热烈反响。

（十）冰心奖

冰心（1900—1999），原名谢婉莹，笔名冰心，取"一片冰心在玉壶"之意，是我国著名诗人、作家、翻译家、儿童文学作家。冰心曾任中国民主促进会中央名誉主席，中国文联副主席，中国作家协会名誉主席、顾问，中国翻译工作者协会名誉理事等职。因其一生刚好度过了一个世纪，所以被称为"世纪老人"，深受人民的喜爱。

1990年，为祝贺冰心老人九十大寿，在著名作家韩素音的倡导下，"冰心奖"组委会创办了"冰心奖"。这一民间性、公益性的奖项以弘扬冰心老人的爱与真善美为精神纲领，以发掘文坛新人鼓励文学原创为宗旨。在社会各界人士的大力支持下，"冰心奖"犹如一朵素雅圣洁的小花在文学园地中绽放。吴作人、萧淑芳、杨沫、叶君健、吴全衡等诸多前辈都是"冰心奖"的评委会成员。奖项创办初期，冰心老人身体尚佳时，每届都要亲自审读获奖作品。自创办以来，"冰心奖"在每年冰心老人生日前后都会举行颁奖大会，迄今已成功举办了24届。

自创立以来，"冰心奖"由最初的单一儿童图书奖，发展为包括"冰心儿童图书奖""冰心儿童文学新作奖""冰心艺术奖""冰心摄影文学奖"4个奖项在内的综合性大奖。其中，"冰心儿童文学新作奖"与"宋庆龄儿童文学奖""陈伯吹儿童文学奖""全国优秀儿童文学奖"并称为国内四大儿童文学奖。

"冰心奖"以严格、公正和权威著称，是我国唯一的国际华人儿童文学艺术大奖。全世界华语文章都可参与评比，获奖者遍布全世界，从小学生到大作家，从文坛新人到学界翘楚，都能在这里寻到一条通往文学圣殿的阶梯。

二十几年来，"冰心奖"为中国的儿童文学事业贡献了自己的一份心力。在未来的日子里，"冰心奖"仍将一如既往地秉承冰心老人爱的嘱托，传递爱，播撒爱，弘扬爱，让爱超越时空，超越国界，让爱温暖你我他，让爱永驻人心。

（十一）宋庆龄儿童文学奖

宋庆龄（1893—1981），是举世闻名的 20 世纪的伟大女性，为中国人民的解放事业，为妇女儿童的卫生保健和文化教育福利事业，为祖国统一以及保卫世界和平、促进人类的进步事业而殚精竭虑，鞠躬尽瘁，做出了不可磨灭的贡献，受到中国人民、海外华人华侨的景仰和爱戴，也赢得国际友人的赞誉和热爱，并享有崇高的威望。宋庆龄生前非常关心少年儿童的健康成长，关心儿童读物的创作与出版，并多次号召社会各方面"都来参加并大力支持儿童读物的写作工作，担负起为新一代提供精神食粮的光荣责任"。

为推动宋庆龄毕生关心的儿童文学事业发展，鼓励作家为孩子们创作出更多更好的作品，宋庆龄基金会于 1986 年设立了"宋庆龄儿童文学奖"，并与文化部、广电部、教育部、国务院侨办、共青团中央、全国妇联、中国文联、中国作协、中国科协、全国少儿艺术委员会 10 家单位共同主办，该奖项是当今儿童文学奖项中最高规格的奖项之一。

"宋庆龄儿童文学奖"以为少年儿童提供更多更好的精神食粮为宗旨，以宋庆龄益善、益智、益美的儿童教育观为指导，以表彰优秀儿童文学作者、促进和繁荣我国儿童文学创作为目的，以"扶持弱项，拾遗补缺"为评选方针，坚持主旋律和多样化、思想性和艺术性的统一。该奖每两至三年评选一届，现已成功举办了 6 届，在社会上产生了积极的影响。

2005 年春，中共中央宣传部在同文化部、广播电影电视总局、新闻出版总署、国务院新闻办公室及中国文学艺术界联合会、中国作家协会、中华全国新闻工作者协会、中国出版工作者协会等有关部门反复交换意见的基础上，制定了全国性文艺新闻出版评奖整改总体方案，该方案规定宋庆龄基金会主办的"宋庆龄儿童文学奖"并入中国作协主办的"全国优秀儿童文学奖"，还规定合并后的"全国优秀儿童文学奖"每两年评选一次。

（十二）陈伯吹儿童文学奖

陈伯吹（1906—1997），原名陈汝埙，曾用笔名夏雷，中国著名的儿童文学作家、翻译家、出版家、教育家。他把毕生精力奉献给儿童文学事业，是中国儿童文学的一代宗师，在海内外享有极高的声誉。

1981年，陈伯吹先生将自己积蓄的稿费55 000元捐献出来，设立了"儿童文学园丁奖"，每年评奖一次，意在鼓励国内作家参与儿童文学创作。后来为了与教育界的"园丁奖"加以区别，1988年更名为"陈伯吹儿童文学奖"。自2000年起，为了提高获奖作品质量，"陈伯吹儿童文学奖"改为两年评奖一次。截至2013年，已举办了25届。

"陈伯吹儿童文学奖"是新中国文坛第一个以著名作家名字命名的文学奖项，是我国目前连续运作时间最长的文学奖项之一，也是我国迄今为止获奖作家最多的文学奖项之一。它记录了新时期我国儿童文学发展变化的可喜足迹，也记录了300多位儿童文学作家辛勤耕耘的宝贵收获。它是陈伯吹先生留给我们的一份宝贵遗产，是他无私奉献博大胸怀的最好体现。

从2003年开始，"陈伯吹儿童文学奖"设立了杰出贡献奖，专门奖励终身从事儿童文学事业，并在儿童文学事业中做出突出贡献的德高望重的老作家。这不仅是对成就卓著的老作家的致敬和褒奖，对儿童文学事业的后来者也是一种很好的激励。至今，已先后有任溶溶、鲁兵、任大星、圣野、周晓五位著名作家获此殊荣。

正是在陈伯吹先生精神的光照下，"陈伯吹儿童文学奖"历经岁月，越来越具光彩，为儿童文学的繁荣发展起到了积极的推动作用，在海内外产生了广泛影响。为了进一步扩大影响，使这个奖项立足于新的平台，经陈伯吹儿童文学基金专业委员会、上海市新闻出版局、上海市宝山区人民政府三方协商，决定将原"陈伯吹儿童文学奖"于2014年起正式更名为"陈伯吹国际儿童文学奖"，并将其列为"上海国际童书展"的奖项，每年评选一次。

（十三）丰子恺儿童图画书奖

丰子恺（1898—1975），浙江省桐乡县人，我国现代著名的漫画大师、散文家、教育家和翻译家，是一位多方面卓有成就的文艺大师。丰子恺早年师从李叔同学习绘画与音乐，并于 1921 年游学日本。回国后，他在上海、浙江与重庆等地从事美术与音乐教育，并任开明书店编辑。丰子恺风格独特的漫画作品深受人们的喜爱。他的作品内涵深刻，耐人寻味。

"丰子恺儿童图画书奖"由致力于推广儿童阅读与亲子共读的陈一心家族基金会于 2008 年创办，每两年评选一次，迄今举办了 3 届。在著名艺术家丰子恺先生的女儿丰一吟女士的支持和允许下，该奖有幸得以丰子恺先生之名命名。

"丰子恺儿童图画书奖"是第一个在世界范围内广泛征集原创作品的华文图画书奖项，旨在推广优秀的华文原创儿童图画书，表扬为儿童图画书做出贡献的作者、插画家和出版商，鼓励更多优秀人才投入创作、出版优质华文原创儿童图画书，提升社会大众对华文儿童图画书的重视与了解。

2009 年 7 月 22 日，"丰子恺儿童图画书奖"在香港举行第一届颁奖典礼，由来自中（含港、台地区）、美的 8 位评审从中国大陆及港澳台地区参选的 330 本书中，选出首奖 1 名、评审推荐图画创作奖和评审推荐文字创作奖各 1 名、佳作 9 名。丰子恺儿童图画书奖组委会于 2014 年 11 月 28 日在国家图书馆少儿馆活动室举行的新闻发布会上正式公布，第四届"丰子恺儿童图画书奖"定于 2015 年 1 月 1 日开始征奖，诚邀中国内地、香港、台湾地区及其他华文地区创作者或出版社以 2013 年 1 月至 2014 年 12 月之间出版的华文原创儿童图画书参选。

"丰子恺儿童图画书奖"在短短几年时间内，已得到中国大陆、香港、台湾地区儿童文学界、教育界乃至热心于儿童图画书的家长的热切关注和支持，业界和大众对于这个由家族基金会赞助支持的公益性奖项也有了更深入的了解，并给予高度赞许和鼓励。"丰子恺儿童图画书奖"为持续发扬该奖项的宗旨，推动华文儿童图画书的发展及业界交流做出了积极贡献。

（十四）信谊图画书奖

怀抱着守护孩子唯一的童年的信念，2009 年 8 月，信谊基金会邀请了 20 位幼儿教育界、儿童文学界，还有从事儿童阅读推广的资深专家，共同设立了"信谊图画书奖"，这是一项授予尚未出版的原创图画书作品的奖项。该奖项旨在鼓励原创图画书的创作，提升幼儿文学的创作质量及欣赏水平，奖励幼儿文学创作并培育幼儿文学创作人才。自 2009 年创办以来，该奖项已举办了 5 届。

信谊基金会是台湾最早从事推广学前教育的专业教育机构，通过 30 余年研究、出版与推广活动，提供完整且系统化的服务。1978 年，信谊基金会成立台湾第一家幼儿图画书与教育玩具专业出版社。1987 年春，为了提升幼儿文学的创作质量及欣赏水平，奖励幼儿文学创作并培育幼儿文学创作人才，信谊基金会创设"信谊幼儿文学奖"，迄今连续举办 26 届，已经成为台湾地区出版界最具指标性的幼儿图画书征奖活动，陆续培养出图画书界很多中坚人才。

秉持一贯初衷，延续长期以来对于图画书阅读推广的不减热情，信谊基金会决定开始在中国大陆办理"信谊图画书奖"征奖，让更多孩子看到从自己文化中孕育而生的原创作品，没有隔阂地从实际生活经验中学习，在自己的语言文化中成长，成为一个有自信而且认同自己文化的人。

2010 年 12 月，首届"信谊图画书奖"在南京举行了颁奖典礼，共颁出了首奖、佳作、入围共 11 个奖项，现已在中国大陆和台湾两地同时出版获奖作品 4 本，并为中国原创图画书事业发掘了一批充满热情与创意的新兴创作者。

2014 年 12 月，在两岸文学、艺术及教育界的支持下，秉承着公开、公平、公正的原则，第五届"信谊图画书奖"颁奖礼在上海隆重举行。5 年来，"信谊图画书奖"共颁出 28 个首奖及佳作，其中已有 11 本图画书正式出版，其中包括图画书创作奖获奖作品 9 本、图画书文字创作奖获奖作品两本。继第三、第四届"信谊图画书奖"首奖空缺后，荣获本次图画书创作奖首奖的作品是青年创作者姚佳的《迟到的理由》。评审们认为，这些作品在艺术上均有不俗的表现，无论是精致的水彩工笔、色铅笔营造温暖的质感，或者只是简笔勾勒出主角的形象，用不同方式传达故事的气氛，从不同角度给孩子带来阅读的享受，为孩子打开想象世界的大门。

二、国外主要儿童文学奖项介绍

（一）国际安徒生奖（Hans Christian Andersen Awards）

"国际安徒生奖"又称"汉斯·克里斯蒂安·安徒生奖"，由国际儿童读物联盟（IBBY）于 1956 年在瑞士苏黎世创设并颁发，以丹麦著名童话作家安徒生的名字命名，由丹麦女王玛格丽特二世赞助，一直被视为儿童文学领域最高的国际荣誉，常被称为"小诺贝尔奖"，每两年评选一次，迄今已举办了 29 届。

"国际安徒生奖"旨在推动儿童阅读，提升文学和美学的艺术境界及建立儿童正面的价值观。该奖颁发给优秀的儿童图书作家——他们的作品已经持续地推动儿童文学的发展。由于儿童作品多强调图文并茂，从 1966 年起，"国际安徒生奖"将颁奖对象范围扩大到插图作家。获奖者名单将于 IBBY 每两年举办一次的开幕典礼上颁布。IBBY 期刊将设立安徒生奖项专篇来报道所有提名作者及评选过程。

IBBY 是一个非盈利性的非政府机构，该机构的业务范围涵盖了世界各个地区，其宗旨就是把图书和未成年人群紧密地联系在一起。它的主要任务是：提升各国民众对于青少年图书的认知度；为各地区的孩子提供高文化水准及高艺术水准的图书；重点鼓励发展中国家和地区的优秀少儿图书的出版和发行；为少儿及少儿文学的相关素养提供支持及培训；鼓励少儿文学的相关研究和学术性著述。

至今尚未有中国作家获得"国际安徒生奖"，但曾有孙幼军/裘兆明（1990）、金波/杨永青（1992）、秦文君/吴带生（2002）、曹文轩/王晓明（2004）、张之路/陶文杰（2006）获得过该奖项的提名。

（二）纽伯瑞儿童文学奖（Newbery Medal）

约翰·纽伯瑞，英国作家、出版家和书商，出生于 1713 年。1744 年，纽伯瑞在伦敦创办了一个专门出版和发行儿童书籍的出版公司。这是世界上第一家专门的儿童出版社。他为儿童设计的第一本书名叫《美丽小书》。此后他相继印刷发行了许多精美的儿童图书，深受儿童喜爱。纽伯瑞大力提倡和鼓励当时最优秀的作家为儿童写书，促进了儿童文学的迅速发展，他也因此被誉为"儿童文学之父"。纽伯瑞对于儿童文学的伟大贡献，使他成为推动儿童文学发展的里程碑式人物。

1922 年，美国图书馆学会（ALA）的分支机构——美国图书馆儿童服务学会（ALSC）为纪念纽伯瑞而创设了"纽伯瑞儿童文学奖"，又称为"纽伯瑞奖"。该奖项由美国图书馆联合会颁发，每年评选一次，迄今已举办 93 届。

　　"纽伯瑞奖"是历史最悠久的世界级儿童文学奖，也是与"国际安徒生奖"齐名的大奖。其宗旨是鼓励少儿图书领域的原创作品；着重向公众呼吁对少儿文学地位的认同，强调少儿文学应该享有同诗歌、戏剧和小说等文学形式同等的重视度；为那些毕生致力于少儿读物建设的图书工作者提供创作的契机。

　　"纽伯瑞奖"的评选作品必须是上一年度在美国以英语出版发行，面向 14 岁以下（包含 14 岁）少儿的原创作品，图书题材不限，但必须是原创作品，且获奖者必须是美国公民或享有本地居住权的永久居民。

　　"纽伯瑞奖"历史悠久，对美国和世界的儿童文学都有极大的影响。获"纽伯瑞奖"的书籍，皆被列入少年必读之书籍。其题材包罗万象，内容除了针对儿童的恐惧、悲伤、幻想、幽默、冒险等心理层面做巧妙的设计之外，也蕴含了对全球人类以及自然万物的关怀。

（三）英国卡内基奖（The CILIP Carnegie Medal）

　　苏格兰人安德鲁·卡内基是一位白手起家的企业家，他在美国钢铁工业领域赢得了巨额财富。在童年时代，卡内基就酷爱阅读图书馆的图书，他因此立下宏愿："倘使我能够获得财富，我一定用它们来资助筹建免费开放的图书馆。"此后，卡内基建立了 2800 多所图书馆，范围遍及整个英语世界。直到他逝世的时候，英国一半以上的图书馆都是由他出资筹建的。

　　为纪念慈善家卡内基，英国图书馆协会于 1936 年设立了"卡内基文学奖"，该奖项由图书馆信息专家协会（CILIP）颁发。"卡内基文学奖"是世界儿童文学界的最高奖项之一，主要是颁发给儿童小说家或是青少年小说家，每年评选一次，迄今已举办了 78 届。该奖项起初只颁发给英国作家，但从 1969 年起不再限制国籍。

　　"卡内基文学奖"对参选作品有严格要求，必须是以英文创作，面向青少年，且在大不列颠及北爱尔兰联合王国境内首发或在英国有合作发行商，并于 3 个月内在其他地区合作出版发行的作品。

　　"卡内基文学奖"的获奖图书需具有卓越的文学价值和艺术价值，合理的情节构建、突出的角色刻画以及优质的写作文风等。整个著作要求文笔流畅、通俗易懂，不仅能够带给人们真实的阅读体验，并且在阅读之后值得久久回味。

"卡内基文学奖"的评选活动由青年图书馆组织（YLG）负责，该组织是图书馆信息专家协会的特别合作机构之一，目前有成员 3000 人以上。在"卡内基文学奖"设立以来的漫长历史中，已经形成了一套规范的审核标准，以至于其他领域的图书评选活动也以此为参照，同时，该奖项也成为最受儿童作家青睐的奖项。

（四）凯特·格林威奖（CILIP Kate Greenaway Medal）

凯特·格林威是英国维多利亚时代最有影响力的童书插画家。她的画风优雅清新，她设计的图书以图文混排的形式使插画与文字默契搭配。她喜欢画可爱的孩子和母子亲情。她创造的人物形象甜美，透着乡村的浪漫气息。无数孩子在她绘画的童书的陪伴下长大，有些甚至成了著名的插画家。

为纪念凯特·格林威，表彰杰出的童书插画家，英国图书馆协会于 1955 年设立了"凯特·格林威奖"，这是国际上最著名的三种图画书奖项之一。该奖项每年度由图书馆信息专家协会（CILIP）颁发，评审对象是青少年读物中优秀的插画。该奖每年举办一次，迄今已举办了 59 届。

"凯特·格林威奖"有一套严格的遴选标准，参选作品必须满足以下要求：以英文或者双语对照（其中之一必须是英文）创作的，面向青少年，且在大不列颠及北爱尔兰联合王国境内首发或有合作发行商，并于 3 个月内在其他地区合作出版发行的插画作品。获奖作品必须是富含高质量艺术元素的图书，其评选标准共有 4 项：艺术风格、形式、图文整合度以及视觉经验。除此以外，获奖作品不仅讲求艺术品质，在阅读上也要赏心悦目。

"凯特·格林威奖"的获奖者将获赠一个金质奖杯，并可获赠价值 500 英镑的图书以捐赠给获奖者所指定的图书馆。自 2000 年起，"凯特·格林威奖"的得主将同时被赠予价值 5000 英镑的科林·米尔斯奖金，米尔斯是知名的会计师和少儿图书的收集者，他把他的财产遗赠给"凯特·格林威奖"，以资助获奖者奖金的颁发和奖杯的制作。

"凯特·格林威奖"的评选活动由青年图书馆组织（YLG）主要负责。评选委员会由 12 位少儿馆的管理人员（同时也是 YLG 的成员）组成。该奖项的参选图书均由图书馆领域的专业人士推荐，而非出版商，从而确保了评选过程公正、民主。评委完全独立自主，并完全依据相关标准来审视每册图书的优劣。"凯特·格林威奖"标准化的审核规范，使该奖项成为插画画家们最为青睐的奖项之一。

（五）阿斯特丽德·林格伦纪念文学奖（Astrid Lindgren Memorial Award）

阿斯特丽德·林格伦是瑞典最富盛名的作家之一。她的著作已经被翻译成 90 余种文字。她为儿童文学开辟了一个全新的天地，并把文学素养同儿童权益维护有机地整合在一起。林格伦于 2002 年逝世，享年 94 岁。

为纪念林格伦，在世界范围内激起对少儿文学的关注，瑞典政府于 2002 年以她的名字设立了"林格伦纪念文学奖"这一国际奖项，该奖项由瑞典艺术协会颁发。其宗旨是强调青少年阅读的重大意义，确保全世界未成年人的权益，同时也为了鼓励相关人员在这一领域所做出的贡献。由于奖金高达 500 万瑞典克郎（约合 60 万美元），"林格伦纪念文学奖"是世界上最大的国际儿童文学奖和少年文学奖，也是世界上第二大的文学奖。该奖每年评选一次，迄今已举办 12 届。

"林格伦纪念文学奖"的授予对象是那些承袭了她的精神遗志并为捍卫民主价值而不懈斗争的个人和组织，包括作家、插画画家、故事讲述者，以及那些为推进少儿阅读而贡献卓著的人们。"林格伦纪念文学奖"的获奖者必须是在世者，不限语言与国籍，获奖名额无具体规定，可能是一个也可能是多个。

"林格伦纪念文学奖"的评审工作由专家评委会负责。评委会由 12 名成员组成，他们大都是来自儿童文学、儿童阅读推广和儿童权益维护等不同领域的专家，包括作家、学者、文学评论家、插画作家以及图书馆馆员，还有一名成员代表林格伦家族。

瑞典政府为该奖项的运作制定了基本规则，并于 2002 年 12 月 12 日以法令的形式颁布。该法令已被纳入《瑞典国家法典》中，被称作《林格伦纪念奖相关法令》（ 2002：1091 号 ）。